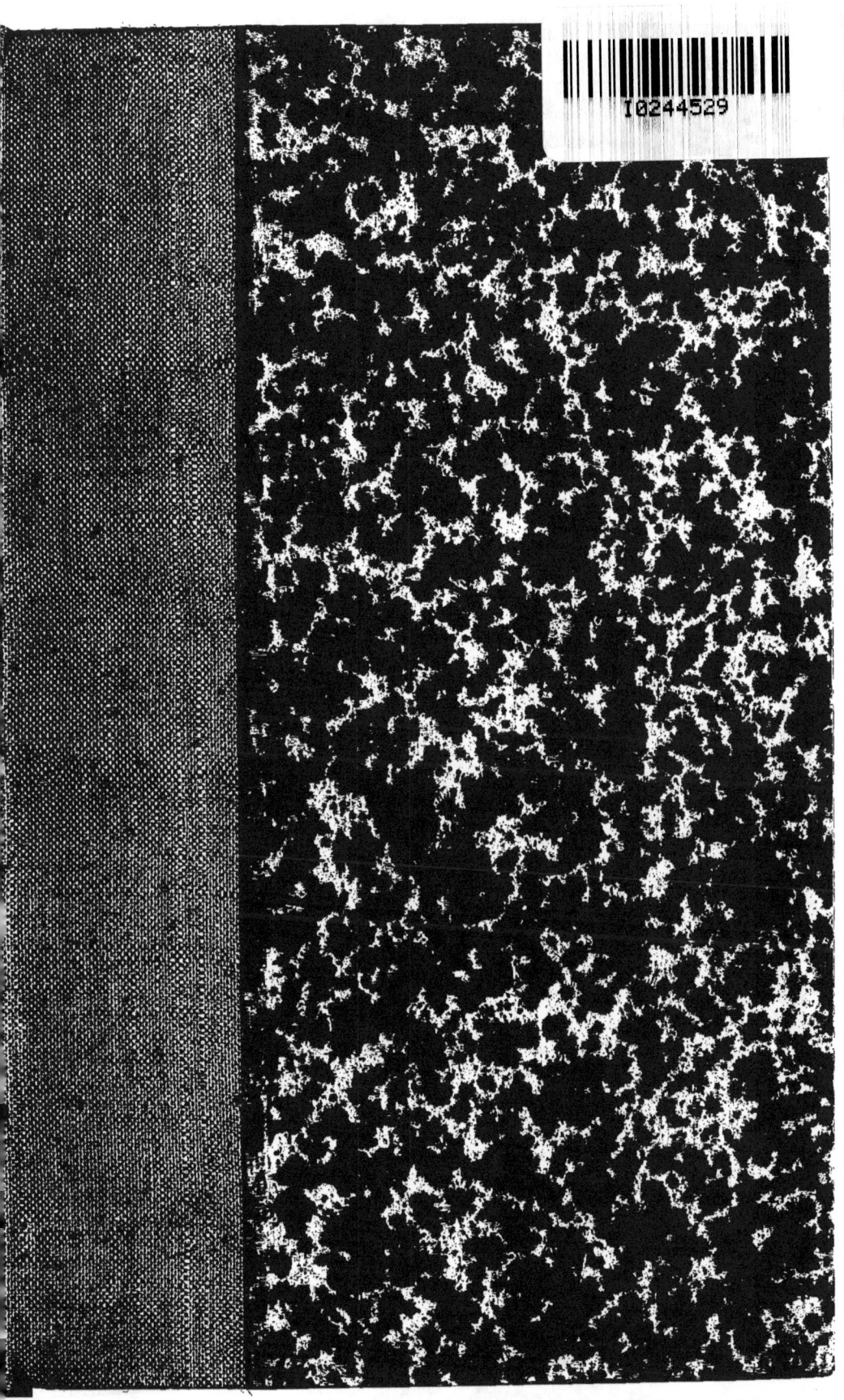

BEAUTÉS

DE

L'HISTOIRE DES VOYAGES.

SÉRIE IN-QUARTO.

Propriété des Editeurs.

Ardant Frères

L'Hippolyte Africam.

BEAUTÉS

DE

L'HISTOIRE DES VOYAGES

ANCIENS ET MODERNES

PAR

L'ABBÉ PAUL JOUHANNEAUD

Chanoine honoraire, Directeur de l'Œuvre des Bons Livres.

LIMOGES	PARIS
F. F. ARDANT FRÈRES,	F. F. ARDANT FRÈRES,
7, Avenue du Midi.	4, quai du Marché-Neuf.

AVERTISSEMENT.

L'ordre que nous avons suivi dans cet ouvrage est celui qui nous a paru le plus logique, le plus rationel. Quand on parle de voyages, de découvertes, les premiers noms qui s'offrent à la pensée, c'est Christophe Colomb, c'est l'Amérique. C'est donc par l'Amérique que nous commençons. De là d'ailleurs se sont répandus parmi les Européens ces récits merveilleux qui devaient les entraîner sur les mers et appeler bientôt avec et après eux les apôtres de l'Évangile.

Quelques années après la découverte des Antilles, Vasco de Gama franchit le cap de Bonne-Espérance, et l'Asie, à peine connue jusque là par les vagues relations de quelques commerçants, s'ouvre immense aux conquêtes des Portugais, avec ses puissants royaumes et ses trésors merveilleux.

Bien qu'une partie des côtes de l'Afrique ait été de tout temps visitée, nous ne l'avons placée qu'en troisième ligne, parce que, malgré sa proximité, l'intérieur en est resté longtemps inconnu. C'est depuis la fin du siècle dernier seulement qu'il s'est présenté des voyageurs assez courageux pour affronter les sables brûlants des déserts ; tandis que l'intérêt qui s'attache aux découvertes va s'affaiblissant pour les autres pays, c'est avec une sympathie de plus en plus vive que nous suivons les pas des intrépides explorateurs de l'Afrique.

Viendront ensuite les voyages dans l'Océanie et autour du monde. Ils sont nombreux, ils touchent à tous les points du globe, et aujourd'hui encore de savants et infatigables missionnaires travaillent avec une admirable ardeur à cette découverte.

Nous nous bornerons à quelques mots sur l'Europe, parce que cette partie du monde est beaucoup plus connue.

En publiant ces *Beautés de l'Histoire des Voyages*, nous n'avons point eu la prétention de faire un ouvrage vraiment neuf, mais simplement un recueil d'un intérêt facile et universel, qui restât sous tous les rapports à la portée du plus grand nombre, et pût être lu par tous avec fruit, sans fatigue et sans ennui.

Nos jeunes lecteurs y trouveront une suite non interrompue de descriptions pittoresques, de curieux récits, de scènes variées; un choix, en un mot, de tout ce que les différentes relations présentent de plus piquant. Si nous sommes parvenus à leur montrer combien est intéressante et profitable l'étude des Voyages, et surtout combien ils doivent rendre grâces à Dieu de les avoir fait naître au sein du catholicisme et sous le beau ciel de la France, nous aurons atteint notre but. Bien que nous résumions nos observations dans l'article qui termine ce volume, nous n'avons pu nous empêcher de joindre a nos analyses ou citations quelques notes ça et là.

BEAUTÉS

DE

L'HISTOIRE DES VOYAGES.

AMÉRIQUE.

COLOMB.

Christophe Colomb, auquel on doit la découverte de l'Amérique, fut longtemps traité de visionnaire par les souverains auxquels il s'adressa pour obtenir des vaisseaux. Enfin, Ferdinand et Isabelle, qui régnaient en Espagne, lui en confièrent trois, et en trente-trois jours il découvrit l'île de Guanahani. De retour en Espagne, on lui confia une flotte de dix-sept voiles, avec lesquelles il fit la découverte de la Jamaïque et la fondation de Saint-Domingue.

Victime de ces délations odieuses qui s'acharnent trop souvent contre la gloire, il fut chargé de fers et renvoyé en Espagne : après quatre ans de détention, toujours plein de confiance en Dieu, et ne s'inspirant que de pensées catholiques, il retourna en Amérique pour y découvrir le continent, puis revint à Valladolid, où il mourut. Le Florentin Améric Vespuce eut l'honneur de donner, à son préjudice, le nom d'*Amérique*, à cette partie du monde que le génie de Christophe Colomb avait su deviner et conquérir.

PROLOGUE DU JOURNAL DE COLOMB.

« *In nomine Domini nostri Jesu Christi*. Gloire à vous, très chrétiens, très hauts, très excellents et très puissants princes, roi et reine d'Espagne et des îles de la mer, nos souverains, qui dans la présente année 1492, avez si glorieusement terminé la guerre contre les Maures, dont la domination pesait encore sur l'Europe, et les avez chassés par la force des armes de la superbe Grenade, où, le 2 janvier de cette même année, je vis flotter les bannières royales de Vos Altesses sur les tours de l'Alhambra, la citadelle orgueilleuse, et le roi maure sortir humblement de la cité, et baiser les mains de Vos Majestés et de Monseigneur le Prince! Dans ce même mois, vous souvenant des renseignements que j'avais donnés à Vos Altesses sur les terres de l'Inde et sur un prince qui est appelé le Grand-Khan, ce qui veut dire le roi des rois, dont les prédécesseurs, ainsi que lui-même, avaient envoyé plusieurs fois à Rome pour demander des docteurs de notre sainte foi qui puissent les instruire des vérités de l'Evangile, sans que le Saint-Père leur en eût jamais envoyé; déplorant l'aveuglement de tant de peuples plongés dans l'idolâtrie et livrés à des doctrines de perdition, Vos Altesses, comme princes catholiques, amis et propagateurs de notre sainte foi, et ennemis de la secte de Mahomet, ont résolu de m'envoyer, moi Christophe Colomb, dans les susdites contrées de l'Inde, à l'effet de voir les susdits princes, et le pays, et les habitants, et d'examiner le caractère et la nature de tous, et les moyens à prendre pour leur conversion à notre sainte religion, et ont voulu que j'allasse en Orient, non par terre, comme c'est l'usage, mais par mer, en gouvernant droit à l'ouest, route que, jusqu'à présent, on ne sache pas que personne ait suivie. Vos Altesses, ayant chassé tous les Juifs de leurs royaumes, m'ont ordonné, dans ce même mois de janvier, de me rendre, avec un armement convenable, dans les susdites parties de l'Inde, et m'ont, à cet effet, conféré de grandes faveurs, m'anoblissant, de sorte qu'à l'avenir je pourrai m'appeler Don; me nommant grand-amiral de l'Océan, et vice-roi et gouverneur de toutes les îles et continents que je découvrirais, et qui, par la suite, pourraient être découverts dans l'Océan, voulant que mon fils aîné me succédât, et ainsi de suite, de génération en génération, à perpétuité. Je partis en conséquence de la ville de Grenade le samedi 12 mai de la même année 1492, pour me rendre à Palos, où j'armai trois vaisseaux, et, le vendredi 3 août de la même année, une demi-heure avant le lever du soleil, je levai l'ancre, ayant à bord d'abondantes provisions et un bon nombre de matelots, et je fis voile vers les îles de Vos Altesses nommées les Canaries, pour de là naviguer à l'ouest jusqu'à ce que j'arrive aux Indes, et que je puisse remettre votre message aux princes de ces riches contrées, et accomplir les ordres de Vos Altesses.

» A cet effet, je me propose de relater très exactement, pendant le voyage, tout ce que je pourrai faire, voir et éprouver, écrivant chaque nuit ce qui se sera passé dans le jour, et chaque jour la navigation de la nuit; et, en outre, je me propose de dresser une carte sur laquelle je tracerai les eaux et les terres du Grand-Océan, ayant soin de déterminer exactement leur position avec la latitude équinoxiale et la longitude occidentale, et je joindrai à cette carte une description détaillée par écrit. Mais surtout je devrai renoncer au sommeil afin de donner toute mon attention à la navigation ; et pour mener à la fin cette immense entreprise, il me faudra un grand courage et de grands efforts. »

Ce fut donc le vendredi 3 août 1492 que Christophe Colomb, avec trois caravelles, *la Sainte-Marie*, *la Pinta* et *la Nina*, et 90 hommes seulement, partit pour aller faire ces immortelles découvertes qui devaient changer la face du globe.

On avait fait plus de mille lieues, et l'on ne découvrait rien, rien que la mer avec son horizon sans bornes. De temps à autre pourtant quelques pronostics toujours trompeurs venaient, pour un instant, ranimer leur courage ; vingt fois ils s'étaient crus à la veille de toucher la terre, vingt fois leur espérance était déçue. Aussi le découragement s'était emparé des plus intrépides ; la révolte finit par éclater ouvertement sur la petite flotte, et Colomb eut à essuyer les plus violents outrages de la part des gens exaspérés par l'idée d'une mort certaine ; sa vie même courait à chaque instant d'imminents dangers.

Cependant ils virent flotter près d'eux une branche d'épine encore fleurie ; ils tirèrent de l'eau un morceau de bois travaillé. Plus de doute cette fois, la terre était proche. Du plus profond découragement on passa à la joie la plus vive, et pendant tout le jour chacun fut aux aguets dans l'espoir de découvrir le premier cette terre tant désirée. Colomb fit faire des prières, et ordonna aux pilotes de se tenir constamment sur leurs gardes.

DÉBARQUEMENT DE COLOMB.

Ce fut le 12 octobre 1492, un vendredi, que Colomb contempla pour la première fois le Nouveau-Monde. A peine débarqués, Colomb et tous ses matelots se prosternèrent, en versant des larmes de joie, pour rendre grâces à Dieu de l'heureux succès de leur voyage. Se relevant bientôt, Colomb déploya l'étendard royal, et au nom du roi et de la reine de Castille, il prit solennellement possession de l'île, à laquelle il donna le nom de Salvador. Les équipages lui prêtèrent serment d'obéissance en la double qualité d'amiral et de vice-roi. Cet étranger, que naguère encore ils traitaient avec tant de mépris, était devenu le plus grand de tous les hommes ; les plus mutins se montrèrent les plus dévoués, ses plus enthousiastes admirateurs. La joie était à son comble et se manifestait par les transports les plus extravagants.

Les habitants de l'île, apercevant les vaisseaux qui s'avançaient voiles déployées, et les prenant pour des monstres ailés sortis du sein de la mer, s'étaient rassemblés en foule sur le rivage, épiant avec anxiété leurs moindres mouvements. Quand ils virent approcher les chaloupes, et des êtres d'une nature inconnue descendre sur le rivage, ils s'enfuirent effrayés dans les bois. Mais bientôt ils se remirent de leur première terreur, et on les aperçut revenir à pas timides en donnant des marques de respect et d'adoration. D'abord ils contemplèrent avec un muet étonnement le teint, la barbe, l'armure éclatante, les riches vêtements des Espagnols : puis, prenant peu à peu de l'assurance, ils s'en approchèrent, touchèrent leur barbe, examinèrent leurs mains et leur figure, dont ils admiraient la blancheur. Ils les regardaient comme des habitants des cieux, et croyaient que leurs vaisseaux sortaient du firmament de cristal qui bornait leur horizon.

Les naturels n'attireraient pas moins la curiosité des Espagnols. Ils étaient sans vêtements, et peints de la manière la plus bizarre, les uns au visage, au nez ou autour des yeux seulement, les autres par tout le corps ; leurs cheveux étaient noirs et épais, liés autour de la tête en forme de tresse, ou flottant sur leurs épaules ; ils avaient la taille dégagée, le teint cuivré, les traits agréables, le front large, et les yeux d'une beauté admirable. Ils ne connaissaient pas le fer et n'en soupçonnaient pas même les propriétés ; car, voyant des armes de métal, il leur arriva plusieurs fois de les prendre par le tranchant et de se faire des blessures dont ils paraissaient fort surpris. Ils n'avaient pour toutes armes que des javelines d'un bois durci au feu, dont la pointe était armée d'un caillou ou d'un os de poisson. Leurs pirogues étaient des troncs d'arbres creusés ; les unes ne pouvaient contenir qu'un homme, d'autres en contenaient jusqu'à quarante ou cinquante. Ils les dirigeaient avec une adresse merveilleuse à l'aide de pagayes, rames en forme de pelle, et, si elles venaient à se renverser, ils se jetaient à l'eau, les relevaient sans la moindre peine, les vidaient avec des calebasses, et s'y replaçaient on ne peut plus agilement.

Ils se montraient avides des moindres colifichets qu'ils pouvaient obtenir, et auxquels ils attachaient une valeur surnaturelle, dans l'idée qu'ils venaient du ciel. Ce qui paraissait surtout les charmer, c'étaient de petites sonnettes qu'on leur attachait aux jambes et au cou. Ils donnaient en échange des perroquets qui vivaient apprivoisés au milieu d'eux, et du coton dont ils livraient jusqu'à vingt-cinq livres pour quelques morceaux de verre ou de faïence.

L'attention des matelots se porta particulièrement sur une espèce de feuilles jaunes que les habitants portaient comme collées au bout du nez, et qu'on reconnut bientôt pour de l'or. Colomb leur demanda d'où venait cet ornement ; ils lui répondirent par signes en lui montrant le midi, et l'amiral crut comprendre que de ce côté se trouvaient des régions où abondent l'or et les pierres précieuses. Qnelque hâte qu'il eût d'aller à la recherche de ces pays fortunés, il voulut cependant reconnaître sa première conquête. Il passa devant deux ou trois villages, dont, à son approche, tous les habitants accoururent sur la côte, se prosternant comme pour adorer les Espagnols, qui leur semblaient des êtres surnaturels, les invitant par signes à descendre à terre. Mais Colomb pressa sa reconnaissance et partit dès qu'il eût renouvelé ses provisions, impatient de poursuivre ses découvertes si heureusement commencées, et surtout d'arriver aux montagnes d'or, objet de tous ses travaux.

MŒURS DES HABITANTS D'HAITI. — CROYANCES, SUPERSTITIONS.

Laissons Colomb parcourir les montagnes d'or du Cibao, but de son excursion, objet de tous ses vœux, pour nous occuper quelques instants des naturels.

Les habitants d'Haïti avaient quelques croyances, mais vagues et simples comme leurs mœurs. Ils croyaient à un être suprême, immortel, tout-puissant et invisible, qui habitait le ciel; ils lui donnaient une mère, mais point de père. Dans leurs prières ils ne s'adressaient jamais directement à lui, mais à des divinités inférieures nommées *Zemès*, placées comme des médiatrices entre le ciel et la terre. Chaque cacique avait son Zemé, dont il conservait l'image dans un temple particulier, et qu'il consultait dans toutes ses entreprises. Cette image était le plus souvent quelque monstre hideux, grossièrement sculpté en bois ou en pierre. Chaque famille, chaque individu avait aussi son Zemé particulier ou génie protecteur. Ils les plaçaient dans toutes les parties de leurs maisons ou les gravaient sur leurs meubles; ils leur attribuaient le gouvernement de toutes choses, et pensaient que leur influence s'étendait sur les saisons et les éléments.

Ces peuples n'avaient sur la création que des idées confuses; ils croyaient leur île la plus ancienne de toutes. Ils croyaient que le soleil et la lune étaient sortis d'une caverne que l'on voit encore aujourd'hui à quelques lieues du Cap-Français. Cette caverne est très élevée, mais fort étroite; elle n'est éclairée que par une ouverture pratiquée dans la voûte, et c'est par là que sont sortis le soleil et la lune.

Les hommes, suivant eux, étaient sortis d'une autre caverne, les grands par une large ouverture, les petits par une étroite crevasse.

Les Haïtiens avaient aussi une tradition sur le déluge universel, et elle n'est pas moins bizarre que les précédentes.

Il y eut jadis dans l'île un cacique redoutable qui tua son fils unique pour avoir conspiré contre lui. Il rassembla ensuite ses os et les renferma dans une gourde pour les conserver, suivant l'usage de ces peuples. Quelque temps après le cacique et sa femme, voulant contempler les restes de leur fils, ouvrirent la gourde; mais à leur grand étonnement, ils en virent sortir plusieurs poissons de différentes grosseurs. Le cacique se hâta de refermer la gourde et la plaça sur sa hutte, se vantant d'y tenir la mer en prison et d'avoir du poisson tant qu'il en voudrait. Mais quatre frères jumeaux qui avaient entendu parler de cette gourde, poussés par un sentiment irrésistible de curiosité, voulurent, pendant l'absence du cacique, essayer de voir ce qu'elle renfermait. Dans leur empressement, ils la laissèrent tomber par terre. Elle se brisa, et il en sortit un torrent impétueux, entraînant dans son cours des dauphins, d'énormes requins, de monstrueuses baleines. Ce torrent ne cessa de couler que lorsqu'il se fut répandu par toute la terre et qu'il eut formé l'Océan, ne laissant à découvert que le sommet des montagnes, qui sont les îles actuelles.

Les habitants d'Haïti avaient une singulière manière de traiter les malades et les morts. Dès qu'on désespérait de la vie d'un cacique, on l'étranglait par respect pour lui épargner la honte de mourir comme tout le monde. Quand un homme du peuple était à la dernière extrémité, on l'étendait dans son hamac, on mettait à sa tête du pain et de l'eau, et on le laisssait ainsi mourir ; ou bien on le portait devant le cacique, et si celui-ci voulait y consentir, on faisait au malade l'honneur de l'étrangler. Lorsqu'un cacique était mort, on ouvrait son corps et on le faisait sécher au feu pour le conserver. De tout autre, on ne gardait que la tête ou quelque membre.

Ils avaient une idée vague de l'existence de l'âme après sa sortie du corps. Les morts apparaissaient pendant le jour à des voyageurs isolés ; ils s'avançaient comme pour les attaquer ; mais dès qu'on faisait mine de les frapper, ils s'évanouissaient, et l'on ne frappait que les arbres et les rochers.

Ils croyaient à un lieu de délices où les esprits des bons allaient se réunir à leurs ancêtres et à tous ceux qu'ils avaient aimés. Ils pensaient que les âmes demeuraient cachées pendant le jour sur le sommet inaccessible des montagnes, et que, la nuit, elles descendaient pour manger le mamey : aussi se gardaient-ils bien d'y toucher, de peur de priver de leur aliment favori les âmes de leurs amis.

Il n'est pas sans intérêt de rapprocher de ces notions données par Colomb celles que nous transmettent nos missionnaires. En dehors de Jésus-Christ et de la civilisation introduite dans le monde par son Eglise, on ne trouve que des erreurs et des vices identiques. Lisez par exemple ce qu'en 1844 le P. Amable nous raconte des îles Marquises :

SUPERSTITIONS DES HABITANTS DES ILES MARQUISES.

» On apporta le corps du roi dans la baie où je demeure. La reine le reçut dans sa cabane, où elle le garda pendant trente jours, occupée à enlever avec ses doigts la peau du mort, à mesure qu'elle se détachait. Je lui demandai depuis la raison de cette étrange cérémonie. Elle me répondit que c'était pour effacer le tatouage, parce qu'il fallait que le corps de son mari fût sans tache pour que la grande *Oupu* lui permît de vivre sur la terre et de se baigner dans son lac Au sujet de cette déesse *Oupu*, voici quelques explications qui m'ont été données par le grand-prêtre de nos sauvages. Il paraît qu'ils admettent deux dieux principaux : le premier, appelé *Tihi*, est tout-puissant ; c'est lui qui fait fleurir les arbres et mûrir les fruits ; il a aussi créé les poissons de la mer, et permis aux hommes d'en manger, à l'exception de quelques-uns qu'il a rendus *Tapu*. Ses adorateurs ignorent s'il a eu un commencement, et s'il aura une fin ; ils croient seulement qu'il a parlé autrefois aux habitants de ces îles.

» *Mapuhanui*, le second dieu, passe pour avoir doté nos Indiens des cochons, qui font leur nourriture la plus recherchée. De là vient la coutume de servir aux morts un certain nombre de ces animaux domestiques, les uns cuits, les autres vivants. On place les premiers à côté du cadavre, dans le creux d'un tronc d'arbre ficelé soigneusement avec des filaments de coco, et suspendu à la charpente de la cabane, *Mapuhanui* s'en repaît, dit-on, de compagnie avec le défunt. Lorsqu'on offre des porcs vivants, on les attache dans la hutte où repose le mort, et on les y nourrit jusqu'à ce que les chairs de celui-ci se soient séparées des os ; après quoi on les laisse périr de faim.

» Nos sauvages croient que les âmes de tous ceux qui meurent dans l'archipel vont se réunir sur la cime d'une haute montagne, appelée *Kiukiu*. Quand il y en a un grand nombre de rassemblées en ce lieu, la mer s'entr'ouvre, et elles tombent sur une terre de délices, plantée de toutes sortes de fruits excellents et embellie par les eaux toujours calmes d'un lac azuré. Or, cet Eden est gouverné par la déesse *Oupu*, qui ne permet d'y habiter, de manger ces excellents fruits, et de se baigner dans ce beau lac, qu'à ceux qui, pendant leur vie, ont eu beaucoup d'hommes à leur service, ont possédé beaucoup de cochons, et n'ont point été méchants. Il paraît en outre, que, pour y être admis, il est d'étiquette de ne porter aucune trace de tatouage. Pour les esclaves et les pauvres, ils vont dans une terre sombre, qui n'est jamais éclairée par le soleil, et où ils ne trouvent que des eaux bourbeuses. Toutes ces âmes, après avoir demeuré très longtemps dans l'un ou l'autre lieu, retournent animer d'autres corps.

» Il est d'usage, quelques jours avant les funérailles d'un chef, que toutes les femmes se rassemblent aux environs de la cabane qui doit être sa dernière demeure, afin de pleurer sa mort. Ce deuil est toujours célébré avec une extrême licence. Après la mort du vieux roi dont j'ai parlé, comme je voyais souvent son successeur, et que j'avais déjà quelque crédit sur son esprit, j'essayai de lui faire comprendre combien une telle cérémonie était inconvenante ; je lui vantai les usages des peuples civilisés, et la manière dont ils témoignent leurs regrets à la mort de leurs princes et de leurs proches. Dieu bénit mes paroles, et le hideux programme de ces pompes funèbres fut supprimé. »

Le lecteur peut rapprocher encore cette lettre de l'article *Croyances des Groënlandais* qu'il trouvera plus loin.

LIGUE DES CACIQUES. — GRANDE BATAILLE.

Cependant l'enlèvement de Caonabo, le terrible cacique de Cibao, avait soulevé l'île entière, et les trois frères de ce prince avaient réuni une nombreuse armée dans la Vega Real. Dans l'état de faiblesse où se trouvait la colonie, l'amiral ne put mettre sur pied que deux cents hommes environ et vingt cavaliers. Il emmena en outre vingt limiers qui, par leurs aboiements et leurs cruelles morsures, inspiraient aux Indiens autant de frayeur que les chevaux, et à plus juste titre.

Quand les éclaireurs eurent appris aux Indiens l'approche de leurs ennemis, ils envoyèrent des espions pour en connaître le nombre. Ces peuples qui n'étaient pas forts sur le calcul, employaient une manière de compter simple comme tous leurs usages, mais qui n'eût pas été toujours praticable : c'était de mettre à part autant de grains de maïs qu'ils apercevaient d'hommes ou d'objets qu'ils voulaient compter. Lors donc que les espions revinrent avec une seule poignée de maïs, les caciques sourirent de pitié, pensant qu'ils n'auraient qu'à paraître pour disperser une si faible armée ou l'écraser sous leurs masses innombrables. On porte en effet leur nombre à cent mille. Les deux armées se rencontrèrent près du lieu où fut bâti depuis San-Iago. Le combat ne fut pas long. L'infanterie espagnole, divisée en plusieurs pelotons, s'avança au bruit éclatant des tambours et des trompettes, et, cachée en partie par les arbres, fit une décharge générale qui jeta tout d'abord la confusion dans les rangs des Indiens. Ces malheureux, qui la plupart n'avaient que leurs bras pour défense furent frappés d'une terreur panique en voyant tomber des files entières de leurs compagnons qu'ils croyaient frappés par le tonnerre. Ojeda, lieutenant de Christophe Colomb, fondant sur eux avec sa cavalerie, s'ouvrit un large chemin à travers ces faibles bataillons. Foulés aux pieds des chevaux, assaillis d'une grêle de balles et de coups de sabre, les Indiens furent frappés d'horreur en se voyant attaqués par des limiers féroces qui, leur sautant à la gorge avec d'horribles hurlements, les étranglaient ou les renversaient, et déchiraient en pièces leurs corps nus et sans défense. Un grand nombre restèrent sur le champ de bataille; les autres s'enfuirent sur les rochers les plus escarpés en poussant des cris lamentables.

Colomb, pendant huit ou dix mois, continua ses courses militaires dans les différentes parties de l'île où quelques ennemis s'agitaient encore, et imposa à toutes ces peuplades un tribut, soit en or, soit en coton.

Ainsi l'esclavage étreignit de ses lourdes chaînes ces peuples jusque là si libres, si heureux; ainsi s'évanouit leur bonheur; plus de paisible sommeil pendant les brûlantes heures du jour, sur les bords du lac, à l'ombre des palmiers touffus; plus de jeux sous les bosquets odorants, plus de chansons, plus de danses au son joyeux du tambourin; maintenant le travail et la douleur.

ÉCLIPSE DE LUNE

Obligé de lutter contre la cruauté des siens et contre les justes vengeances des Américains, Colomb faisait régner parmi ses gens une exacte discipline, qu'il adoucissait par des attentions continuelles sur leurs besoins, et par des exhortations paternelles. D'ailleurs il ne prenait jamais rien qu'en payant, et jusqu'alors il n'avait rien reçu des Américains qu'ils n'eussent volontairement apporté. Cependant, comme ils n'étaient pas habitués à faire de grandes provisions, ils se lassèrent enfin de nourrir des étrangers affamés, qui les exposaient eux-mêmes à manquer du nécessaire. Les discours des mutins pouvaient avoir fait aussi quelques impressions sur eux. Ils commencèrent à s'éloigner, et les Castillans se virent menacés de mourir de faim. Dans cette extrémité, l'amiral s'avisa d'un stratagème qui lui réussit. Ses lumières astronomiques lui avaient fait prévoir qu'on aurait bientôt une éclipse de lune. Il fit dire à tous les caciques voisins qu'il avait à leur communiquer des choses fort importantes pour la conservation de leur vie. Un intérêt si pressant les eut bien vite assemblés. Après leur avoir fait de grands reproches de leur refroidissement et de leur dureté, il leur déclara d'un ton ferme qu'ils en seraient bientôt punis, et qu'il était sous la protection d'un Dieu qui se préparait à le venger. N'avez-vous pas vu, leur dit-il, ce qu'il en a coûté à ceux de mes soldats qui ont refusé de m'obéir ? Quels dangers n'ont-ils pas couru en voulant passer à l'île d'Haïti, pendant que ceux que j'y ai envoyés ont traversé sans peine ! Bientôt vous serez un exemple beaucoup plus terrible de la vengeance du Dieu des Espagnols ; et, pour vous faire connaître les maux qui vous menacent, vous verrez dès ce soir la lune rougir, s'obscurcir, et vous refuser sa lumière ; mais ce n'est que le prélude de vos malheurs si vous vous obstinez à me refuser des vivres.

En effet l'éclipse commença quelques heures après, et les barbares épouvantés poussèrent d'effroyables cris. Ils allèrent aussitôt se jeter aux pieds de l'amiral, et le conjurer de demander grâce pour eux et pour leur île. Il se fit un peu presser pour donner plus de force à son artifice ; et feignant de se rendre, il leur dit qu'il allait se renfermer et prier Dieu, dont il espérait apaiser la colère. Il s'enferma pendant toute la durée de l'éclipse, et les Américains recommencèrent à jeter de grands cris. Enfin, lorsqu'il vit reparaître la lune, il sortit d'un air joyeux pour les assurer que ses prières étaient exaucées, et que Dieu leur pardonnait cette fois, parce qu'ayant répondu pour eux, il l'avait assuré qu'ils seraient désormais bons et dociles, et qu'ils fourniraient des vivres aux chrétiens. Depuis ce jour, non-seulement ils ne refusèrent rien aux Espagnols, mais ils évitèrent avec soin de leur causer le moindre mécontentement.

Ce secours était d'autant plus nécessaire à Colomb qu'il se formait sous ses yeux un nouveau parti qui l'aurait jeté dans de mortels embarras.

FERNAND CORTEZ.

Déjà Christophe Colomb, animé d'un courage digne de son génie et de sa foi, avait le premier planté la croix sur les terres du nouveau continent dont la découverte a illustré son nom. Dieu suscita Fernand Cortez pour la faire triompher sur les ruines de l'empire de Satan. Ce héros était digne d'une si glorieuse entreprise. Les calomnies dont on a essayé de ternir sa mémoire ne peuvent empêcher l'historien impartial de reconnaître qu'il joignait à un courage héroïque, à une constance inébranlable, à une prudence consommée, qualités qui font les grands hommes, celles qui font l'homme d'honneur et le chrétien sincère ; et quelque vive que fût sa passion pour la gloire, on doit convenir qu'il témoigna plus d'ardeur encore pour l'extension du règne de Jésus-Christ.

Cependant ce n'est point à ses talents incontestables, non plus qu'à la terreur que répandirent d'abord parmi les indigènes les armes des Espagnols, que nous attribuerons la conquête du Mexique. Le succès inouï de cette entreprise nous oblige à lever les yeux plus haut et à reconnaître une intervention directe de la divine Providence dont Cortez ne fut que l'instrument. Nous ne ferons ici qu'en esquisser les principaux faits.

Envoyé par Velasquez, gouverneur de Cuba, à la découverte de nouvelles terres, Fernand Cortez mit à la voile en 1518. Ayant débarqué à l'île de Cozumel, il y apprit l'existence de la grande cité mexicaine, et résolut de se diriger vers elle. Ses soldats, dominés par l'ascendant de son génie, brûlèrent eux-mêmes leur flotte, et avec 415 hommes de pied et 16 cavaliers, le hardi aventurier partit pour conquérir le plus grand empire de l'Amérique du nord. Ses victoires, son adresse, la haine qu'avait excitée la tyrannie de Montezuma, soumirent les peuples sur son passage; cependant il eut de grands dangers à courir, et la protection du ciel dut se manifester visiblement dans la conservation merveilleuse de sa petite armée et le concours loyal et fidèle que lui prêta la puissante république de Tlascala après avoir été vaincue. Mais ce qui prouve encore davantage l'action de la Providence dans cette marche victorieuse, c'est l'aveuglement inconcevable de Montezuma et la conduite étrange qu'il tint à l'égard des Espagnols. Maître d'un empire dont la capitale seule renfermait 300,000 habitants, entouré de guerriers valeureux et dévoués, il n'essaya même pas d'arrêter par les armes ces étrangers que de funestes présages lui faisaient craindre comme hostiles à sa puissance : des ambassadeurs et des présents furent les seuls moyens qu'il employa vainement pour obliger Cortez à quitter ses états; bientôt, subjugué par l'incroyable audace de cet homme extraordinaire, il vint lui-même le recevoir à l'entrée de Mexico, et après une pompeuse entrevue, il lui donna pour demeure un de ses palais.

Depuis son entrée au Mexique, Fernand Cortez, pour accomplir la mission qu'il croyait avoir reçue du ciel, faisait abattre les idoles et s'efforçait de répandre la connaissance du vrai Dieu. Plus d'une fois le père Olmeda, religieux de la Merci, qui l'accompagnait, dut modérer l'impétuosité d'un zèle qui dépassait souvent les bornes de la prudence. Conduit par Montezuma lui-même dans le temple de la guerre, le héros espagnol ne put contenir son indignation à la vue des hideux simulacres des divinités mexicaines et des restes des sacrifices humains qui leur avaient été offerts. L'empire qu'il avait acquis sur l'esprit du monarque était tel, qu'il n'y provoqua aucune irritation ; il obtint même qu'on cessât de servir sur la table royale les mets affreux dont ce prince avait fait jusque-là ses délices. Mais ce zèle religieux, cette puissance exercée sur le souverain lui-même, devaient exciter les haines jalouses des grands. Cortez entendit autour de lui ce bruit sourd, avant-coureur de la tempête ; il lui fallut un otage pour arrêter la fureur d'un peuple entier qu'on pouvait armer contre lui ; par une hardiesse inouïe, il parvint à enlever Montezuma de son palais et à le garder captif dans sa propre capitale. Aussitôt une conspiration s'ourdit, et au même instant Cortez apprend que Narvaez, envoyé par le gouverneur de Cuba pour l'arrêter au milieu de ses triomphes, a débarqué au Mexique. Quelle position ! Le héros ne se déconcerte pas, il court s'emparer de Narvaez dans Chempoalla, gagne les Espagnols qui l'accompagnent, et revient plus puissant. Mais en son absence la révolte a éclaté, son palais est attaqué par une population furieuse ; en vain Montezuma veut protéger ceux qui lui ont ravi la liberté, il périt de la main de ses propres sujets, et les Espagnols sont enfin forcés de quitter Mexico.

Sa périlleuse retraite devait achever la perte de la petite armée de Cortez ; une victoire miraculeuse la sauva à Otompan, et l'alliance fidèle du peuple de Tlascala devint pour elle une protection aussi puissante qu'inespérée.

Cependant le vaillant Espagnol n'avait pas renoncé à sa conquête ; bientôt il réunit quelques troupes, s'entoura de peuples alliés, et

Mexico le revit encore. Bien que fortifiée et défendue par un peuple immense et exaspéré, la capitale du Mexique succomba le 13 août 1512, après un siége de 75 jours, sous les coups de 600 Espagnols et des troupes auxiliaires composées de prés de 100,000 Américains. Sa ruine fut presque complète : 150,000 Mexicains périrent, et le roi Guatimozin fut pris avec sa famille au moment où il tentait de fuir sur le lac.

Ce fut alors que Fernand Cortez, maître absolu de sa conquête, montra toute l'étendue de son génie, et prouva qu'il n'était pas moins grand administrateur que général brave et habile. Il commença par rebâtir la ville sur un nouveau plan moins étendu, mais plus régulier ; puis il institua un conseil d'administration, fit élire des alcades, des juges et des officiers publics comme en Espagne, et assura la tranquillité publique par de sévères règlements. Ayant su intéresser dans ses projets les seigneurs mexicains, il parvint à en faire des chrétiens dociles et des sujets soumis ; et, avec leur concours, il fonda d'utiles établissements. Des manufactures s'élevèrent, une imprimerie fut établie, des hôpitaux et d'autres institutions religieuses et charitables furent créés ; l'agriculture prit de nouveaux développements, on commença à cultiver la canne à sucre, la vigne et le mûrier, et des plantes étrangères et des animaux domestiques furent apportés des Antilles. Cortez fit même battre monnaie et fondre des canons. Pour mieux apprécier le caractère du héros castillan, rappelons que, dans le temps même qu'il se livrait à de si importants travaux, il luttait contre l'intrigue et les défiances de la cour d'Espagne, apaisait les révoltes des Indiens et conquérait de nouvelles provinces. Il eût pu poser sur sa tête la couronne du Mexique, et, en fidèle sujet, il avait fait hommage de sa conquête à son souverain, en réclamant son concours pour en faire un état digne de la religion au nom de laquelle il l'avait acquis. Ses lettres à Charles-Quint font admirer sa haute sagesse et ses talents administratifs, en même temps que sa foi et son zèle éclairé.

Mais l'envie et la haine avaient agi sourdement contre lui, et le monarque ne sut pas se préserver de leur maligne influence. Au retour d'une expédition, Fernand Cortez apprit sa disgrâce et son rappel. Il partit pour l'Espagne, triompha un instant de ses ennemis, et reparut encore à Mexico ; mais alors un conseil supérieur, appelé audience de la Nouvelle-Espagne, possédait tout le pouvoir administratif et judiciaire, et une foule de gens avides et rapaces, accourus d'Espagne pour faire fortune étaient là pour contrarier ses vues généreuses.

Le conquérant du Mexique alla découvrir la Californie, puis ayant appris l'arrivée du vice-roi Mendoza, las de lutter contre l'intrigue, et abreuvé de dégoûts, il retourna en Espagne revendiquer ses droits et les sommes dépensées dans ses entreprises. Sa gloire y était déjà oubliée, et celui qui avait apporté un si beau fleuron à la couronne d'Espagne, après avoir subi les injustices et les dédains des courtisans, mourut pauvre et obscur près de Séville, en 1554.

Cependant le but important de son entreprise était atteint, les temples des idoles étaient abattus au Mexique, les souvenirs d'un culte sanguinaire en étaient bannis, et de nombreux missionnaires y jetaient la semence de l'Evangile. Dieu se plut à bénir les travaux des premiers apôtres de cette belle contrée. Les peuples naturellement religieux délivrés du joug de leurs odieuses supertitions, se portèrent avec ardeur vers cette divine foi qui leur était prêchée par des hommes dont la vertu excitait leur admiration. Les Franciscains, les Dominicains et les religieux de Saint Augustin, qui furent d'abord chargés de défricher ce nouveau champ du Père de famille, se montrèrent en effet dignes de cette glorieuse mission. Tout en eux respirait l'esprit de pénitence, de pauvreté et de prière ; ils refusaient d'accepter le présent, voyageaient à pied, se nourrissaient grossièrement, et leur parole était empreinte de cette divine onction que communique une oraison fervente. Dès leur arrivée dans le pays, ils s'étaient appliqués spécialement à imprimer dans le cœur des jeunes enfants la connaissance et l'amour du vrai Dieu, et ils avaient eu la consolation de former de petits apôtres dont la fervente ardeur favorisa beaucoup les progrès de l'Evangile.

La destruction des idoles, cachées pas les soins d'une aveugle superstition fut l'œuvre de ces courageux enfants, dont quelques-uns furent martyrs du fanatisme expirant. Bientôt la religion chrétienne régna seule au Mexique, et les indigènes s'y attachèrent fortement. Le zèle et la charité de leurs missionnaires, qui avaient tant contribué à ce prompt succès, formèrent entre eux et les ministres du Seigneur une union si étroite que le temps n'a pu l'affaiblir. Il est vrai que, comme autrefois dans notre Gaule, le clergé était le médiateur entre les vainqueurs et les vaincus, et que sa parole imposante était l'appui de la faiblesse et du malheur; et dans les temps qui suivirent la conquête, combien de Mexicains n'eurent-ils pas besoin de protection et d'assistance ! Les mesures bienfaisantes prises par la cour d'Espagne, et le patronage des évêques auxquels ils furent spécialement confiés, ne les préservèrent pas de subir les conséquences de l'envahissement de leur sol par une multitude avide de soldats et d'aventuriers Espagnols. A l'exception de quelques nobles admis dans l'armée, ou protégés par leurs alliances avec les vainqueurs, les seigneurs mexicains et leurs vassaux ne conservèrent que de faibles portions de leurs anciennes propriétés. Bientôt on établit en faveur des conquérants des espèces de fiefs ou encomiendas. Les indiens (1), divisés en tribus de plusieurs centaines de familles, furent attachés à ces terres, et, jusqu'au xvıııe siècle, partagèrent le sort des serfs du moyen-âge. Les feudataires ne se bâtirent pas cependant, comme nos anciens seigneurs, des châteaux-forts avec pont-levis; ils formèrent de grandes fermes appelées

---

(1) Les Espagnols donnèrent à leurs conquêtes du Nouveau-Monde le nom d'Indes Occidentales.

haciendas, qu'ils firent régir selon les usages de la noblesse aztèque, et y introduisirent la culture des céréales, des arbres fruitiers et des légumes de nos pays, qui y réussirent parfaitement.

Si les nouveaux possesseurs du territoire mexicain eussent suivi fidèlement les vues et les exemples de Fernand Cortez, les indigènes, bien que descendus à un rang inférieur, et dans une position moins brillante sous le rapport de la fortune, eussent cependant joui d'un sort heureux ; mais comment attendre la modération et la justice de gens venus uniquement dans le but de s'enrichir ! Et ces chercheurs d'or composaient la majeure partie des émigrants espagnols. Aussi bien des excès furent commis, et la conduite des étrangers devint souvent un obstacle à la conversion des infidèles et à la constance des néophytes. Le zèle ardent, la charité héroïque et le courage persévérant du clergé séculier et régulier luttèrent sans relâche pour éclairer, consoler, défendre ces pauvres Indiens, que la cupidité voulait réduire au rang des brutes. Que de fois les évêques s'adressèrent en leur faveur au Pape ou à l'Empereur ! Que de démarches ne firent pas leurs pasteurs pour adoucir leur misère, arrêter l'injustice des oppresseurs, calmer leurs ressentiments ! Ce fut à la sollicitude du père Sahagun, de l'ordre de Saint-François, que l'on dut la création du premier collége institué à Mexico pour les jeunes Indiens par le vice-roi Mendoza ; aux sollicitations des évêques et des religieux que furent accordées de temps en temps des mesures favorables au bien-être des indigènes ; et ce ne fut pas sans éprouver bien des contradictions, des mauvais traitements même, que les envoyés du Seigneur remplirent leur glorieuse mission. Mais ils eurent le bonheur d'affermir la foi dans le cœur de ces pauvres peuples, et de former une église fervente où l'hérésie ne pénétra jamais.

LE MEXIQUE ET SES RICHESSES.

De nos jours l'attention du monde étant fixée sur le Mexique, nous entrons dans quelques détails topographiques.

Le Mexique est situé entre les deux Océans, au sud des Etats-Unis ; un immense plateau, formé par une chaîne de montagnes qui traverse l'Amérique méridionale, en occupe tout l'intérieur. Là, à des hauteurs où en Europe on aperçoit seulement des rochers nus et des cimes neigeuses, une riche végétation couvre les vallées, et des villes populeuses se mirent dans les lacs. Au Mexique, la nature se montre dans toute sa magnificence ; en quelques heures on y peut parcourir tous les degrés du règne végétal. Après avoir traversé les champs de maïs et de canne à sucre, les forêts d'acajou, de campêche et de gaïac ; après avoir admiré ces riches produits des pays chauds, la vanille odorante, les cotonniers, les arbustes résineux d'où découlent les précieux baumes, le voyageur retrouve les champs de froment de nos contrées, il se plaît à voir le feuillage des arbres de la Perse et de l'Inde se mêler à celui de l'orme féodal et des chênes de la vieille Gaule.

Parmi cette délicieuse variété de fleurs qui semblent être venues de tous les pays pour s'épanouir dans ce paradis terrestre, il peut choisir un bouquet où s'uniront aux fleurs brillantes de l'Orient l'humble violette, le simple bluet, la blanche pâquerette de nos champs.

Si, quittant cette zone tempérée où règne un printemps perpétuel, il entre dans la région brumeuse et froide, les sapins se montrent à ses regards ; seuls ils couvrent les rochers dont les cimes vont se perdre dans la zone des neiges éternelles.

Le règne minéral n'offre pas moins de richesses au Mexique que le règne végétal : l'or, l'argent, l'étain, le cuivre, le zinc, l'antimoine et le mercure composent le trésor que la terre mexicaine renferme dans son sein.

La belle vallée de Mexico ou de Tenochtitlan forme un des points les plus importants du plateau du Mexique ; c'est un vaste bassin ovale, d'une circonférence de 268 kilomètres, entouré de montagnes élevées formées presque entièrement de porphyre, de basalte, de gypse et d'obsidienne, au milieu desquelles se font remarquer les deux volcans de la Puebla, le Popocatepelt (1) et l'Ixtazihualt (2) ; cinq lacs en occupent la dixième partie.

C'est un délicieux spectacle que de contempler cette vallée des hauteurs de Chapultepec, à l'ombre de ces vieux cyprès plantés par les rois de la dynastie aztèque, et dernier reste de leur grandeur. De là les yeux se promènent avec ravissement sur la surface ondulée des lacs qui reflètent un ciel d'un bleu foncé et pur, doré par un soleil brûlant, sur ces nombreux villages qu'entourent des champs couverts de moissons et des jardins aux fleurs éclatantes ; puis, suivant ces magnifiques chaussées plantées d'arbres touffus, derrière lesquels s'élèvent les tours blanches et élevées des temples de la grande cité, ils s'arrêtent avec admiration sur cette ville splendide, la plus riche du Nouveau-Monde. Si, fatigués de l'éclat de cette végétation brillante, de ces monuments que dorent et font resplendir les rayons du soleil, les yeux de l'observateur se portent à l'horizon, ils rencontrent cette pittoresque cordelière de montagnes qui entourent d'une ceinture variée la vallée de Mexico, et les sommets couverts de neige des deux géants qui semblent la protéger.

---

(1) Qui lance la fumée.
(2) La femme blanche.

HISTOIRE, INSTITUTIONS ET ARTS DES AZTÈQUES

Avant que d'aventureux voyageurs eussent révélé à l'ancien monde l'existence d'un nouveau continent, un peuple puissant, et sous divers rapports déjà avancé dans la civilisation, habitait cette belle contrée. Parmi les tribus du nord, qui, à une époque reculée, s'étaient établies sur ce sol, où déjà une race antique avait laissé de magnifiques débris, la tribu des Aztèques ou Mexicains avait acquis une domination souveraine et donné son nom à la vallée où elle avait fixé son séjour. La tradition rapporte que les Aztèques, dirigés par les prêtres, après une longue pérégrination, étant arrivés au bord du lac de Mexico, avaient aperçu sur un petit terrain triangulaire, au milieu des eaux, un aigle se reposant sur le roc (1); c'était là le signe annoncé par les oracles, qui indiquaient le lieu où devait être fondée une ville puissante. Malgré les difficultés que présentait cette entreprise, la tribu mexicaine résolut de s'y établir. Les petites îles basses et inhabitées qui couvraient le lac furent réunies, on forma avec des terres rapportées un terrain solide, et bientôt s'éleva Tenochtitlan, ou la ville au milieu des eaux, qui plus tard reçut le nom de Mexico. D'abord pauvres et dédaignés, les Aztèques ne tardèrent pas à voir s'accroître leurs richesses et leur puissance ; ils se firent craindre de leurs voisins, et, sous le règne de Montezuma, leur empire était le plus brillant et le plus redouté de l'Anahuac (1).

Ce prince l'étendit par la terreur de ses armes, et en augmenta la renommée par sa magnificence. Tyran cruel et superbe, il exigeait

---

(1) C'est l'origine des armes de Mexico.
(1) C'est ainsi que l'on appelait alors le plateau du Mexique.

les adorations de ses sujets, cherchait à éblouir les yeux par la somptuosité de ses palais et la grandeur des monuments dont il embellissait la grande cité déjà reine parmi les cités du pays. Des descriptions qui nous restent de Mexico, à cette époque, semblent merveilleuses et féeriques : un seul de ses marchés, grand comme une des plus belles villes d'Espagne, et entouré de portiques, réunissait 60,000 commerçants ; ses temples étaient nombreux et magnifiques ; celui du dieu de la guerre, semblable à une immense forteresse, enfermait dans son enceinte une haute pyramide. Pour avoir une idée des merveilles que l'on admirait dans les palais et les jardins du souverain, il faut ouvrir les contes orientaux et évoquer le souvenir de ces créations fantastiques qui ont amusé notre enfance.

Alors aussi dans les institutions du peuple mexicain se reconnaissent les traces d'une civilisation en progrès. Le système féodal, modifié cependant par le despotisme de Montezuma, formait la base du gouvernement ; l'administration de la justice était confiée non-seulement aux juges suprêmes nommés par le roi, mais encore à des magistrats élus par le peuple dans chaque quartier de la ville.

Parmi ces institutions se retrouvaient celles des ordres militaires et de la chevalerie.

Les arts étaient cultivés au Mexique ; le souvenir des événements, les cartes géographiques, les cérémonies, les ordonnances du souverain étaient le sujet de peintures hiéroglyphiques qui servaient d'écriture. Avec les plumes des charmants oiseaux du Nouveau-Monde, les Mexicains formaient des peintures en mosaïque, vives, brillantes et admirablement nuancées.

Leurs jardins flottants ont été regardés comme la merveille de leur industrie : sur des radeaux de branches, de roseaux et de joncs couverts d'un terreau noir, ils semaient des légumes et surtout des fleurs qu'ils aimaient passionnément, et ils se plaisaient à demeurer au milieu des eaux, dans la petite cabane qu'entouraient leurs beaux dalbias.

Les métaux étaient fort bien travaillés ; cependant ils servaient peu comme monnaie, les échanges étant le moyen employé généralement pour le commerce.

On ne voit pas que les sciences eussent acquis beaucoup de développement parmi les Mexicains, bien que la langue aztèque se prêtât à exprimer les idées les plus abstraites ; les connaissances astronomiques seules étaient assez étendues.

Sous certains rapports on peut comparer avec vérité l'état du peuple mexicain, pendant l'époque qui précéda la conquête, à celui des nations de l'ancien monde dans leur jeunesse, et cette comparaison fera apprécier l'immense différence qu'établit la religion entre deux peuples placés d'ailleurs dans des conditions sociales à peu près semblables.

LE CULTE MEXICAIN.

Le culte mexicain inspire l'horreur ; il présentait aux peuples crédules et abusés l'image terrible de divinités altérées de sang, dont l'immolation des victimes humaines pouvait seule apaiser le courroux. Des enfants, des jeunes filles, des prisonniers de guerre, selon le sujet des fêtes consacrées à ces infernales déités, tombaient continuellement sous le couteau du sacrificateur : le peuple, avide de leur agonie, l'accompagnait de l'expression d'une joie bruyante, de sauvages divertissements, et la cérémonie s'achevait par d'affreux festins, où il se rassasiait des mets offerts à ses dieux.

Dans ce détestable culte, desservi par une multitude innombrable de prêtres, les danses, les chants et les jeux se mêlaient aux plus abominables superstitions, et aucun acte ne venait y rappeler l'homme à ses devoirs et lui inspirer un sentiment généreux. On comprend quel devait être le caractère moral d'un peuple courbé sous le joug d'une telle religion... Qu'on le compare maintenant aux sociétés chrétiennes, même au sortir de la barbarie !

Cette réflexion aidera à apprécier les plaintes hypocrites de certains sages du monde sur l'injustice de ceux qui ont osé troubler le repos de ces *heureuses nations,* et sur le malheur des peuples assujétis à une domination qui leur a imposé le joug d'une religion toute d'amour.

Ici nous n'examinerons point si la foi avait pénétré au Mexique à une époque plus reculée : les traditions répandues dans le pays parlaient d'un personnage illustre d'une mystérieuse sainteté : couvert d'un manteau parsemé de croix rouges, et accompagné d'hommes vêtus de noir, il fit régner l'âge d'or dans l'Anahuac, puis disparut. Elles disaient encore que des hommes blancs, à longues barbes, vinrent plus tard enseigner une religion nouvelle ; quelques usages religieux semblaient rappeler les coutumes chrétiennes ; mais il est difficile de fonder une certitude sur des notions aussi vagues. Du reste, nulle trace de l'esprit de l'Evangile n'existait dans les mœurs des nations de cette partie du Nouveau-Monde, et les ténèbres les plus épaisses couvraient cette belle portion de l'héritage du Christ, lorsqu'il plut au Seigneur de faire briller sa lumière et de révéler aux peuples assis à l'ombre de la mort la vie que le Seigneur est venu donner au monde.

PIZARRE.

Pizarre, espagnol, conquit le Pérou. Il en découvrit la côte en 1525. Il mourut assassiné en 1541.

MASSACRE DES PÉRUVIENS. — PRODIGIEUSES RICHESSES.

Les Espagnols, sous sa conduite, allèrent piller le camp de l'inca Atahualpa, où ils trouvèrent une quantité surprenante de vases d'or et d'argent, de tentes fort riches, des étoffes, des habits et des meubles d'un prix inestimable. La seule vaisselle d'or du roi valait soixante mille pistoles. Atahualpa supplia le gouverneur de le traiter généreusement, et promit, pour sa rançon, de remplir d'or une salle où ils étaient alors jusqu'à la hauteur où son bras pouvait atteindre; et l'on fit autour de la salle une marque à la même hauteur. Il promit d'y ajouter tant d'argent qu'il serait impossible aux vainqueurs de tout emporter. Cette offre fut acceptée, et bientôt on ne vit plus, dans les campagnes, que des Péruviens courbés sous le poids de l'or qu'ils apportaient de toutes parts. Mais, comme il fallait le rassembler des extrémités de l'empire, les Espagnols trouvèrent qu'on ne répondait point à leur impatience, et commencèrent même à soupçonner de l'artifice dans cette lenteur. Atabualpa, qui crut s'apercevoir du mécontentement, dit à Pizarre que, la ville de Cusco étant à deux cent lieues et les chemins fort difficiles, il n'était pas surprenant que ceux qu'il avait chargés de ses ordres tardassent à revenir; mais que, s'il voulait y envoyer lui-même deux de ses gens, ils verraient de leurs propres yeux qu'il était en état de remplir sa promesse. Et comme les Espagnols balançaient sur le danger d'une si longue route, il leur dit en riant : « Que craignez-vous? Vous me tenez ici dans les fers ; moi, mes femmes, mes enfants, mes frères, ne sommes-nous pas des ôtages suffisants ? » Soto et Pierre de Varco s'offrirent enfin pour cette course, et l'inca voulut qu'ils fissent le voyage dans une de ses litières, afin qu'ils fussent plus respectés.

A quelques journées de Caxamalca, ils rencontrèrent un corps de ses troupes qui conduisaient prisonnier son frère Huascar. Ce malheureux prince, apprenant qui étaient ceux qu'il voyait dans les litières, souhaita de leur parler ; et les deux Espagnols l'ayant assuré que l'intention de l'empereur leur maître, et celle du général Pizarre, était de faire observer la justice à l'égard des Américains, il se mit à les instruire de ses droits, avec des plaintes fort vives de l'injustice de son frère, et les pria de retourner vers le général pour le faire entrer dans ses intérêts. Il ajouta que, si Pizarre voulait se déclarer en sa faveur, il s'engageait à remplir d'or la salle de Caxamalca, non-seulement jusqu'à la ligne qu'on avait marquée, qui était à la hauteur d'un homme, mais jusqu'à la voûte, ce qui était le triple de plus. « Atabualpa, dit-il, sera obligé, pour exécuter son engagement, de dépouiller le temple de Cusco, en faisant enlever les plaques d'or et d'argent dont il est revêtu ; et moi j'ai dans ma puissance tous les trésors et toutes les pierreries de mon père. » Mais les capitaines avaient reçu des ordres formels, et ils n'osèrent y manquer en retournant sur leurs pas.

Pizarre fit partir Fernand, son frère, pour l'Espagne, afin de rendre compte à la cour des progrès de la conquête, et de faire à l'empereur une riche part de butin. Il embarqua cent mille pesos d'or, et cent mille autres en argent, à déduire pour la rançon d'Atahualpa. On choisit pour cela les pièces les plus massives, et qui avaient le plus d'apparence : c'étaient des cuvettes, des réchauds, des caisses de tambours, des vases, des figures d'hommes et de femmes. Chaque cavalier eut pour sa part douze mille pesos d'or, c'est-à-dire deux cent quarante marcs d'or, sans compter l'argent, et l'infanterie à proportion; et toutes ces sommes ne faisaient pas la cinquième partie de la rançon. Soixante hommes demandèrent la liberté de retourner en Espagne pour y jouir paisiblement de leurs richesses, et Pizarre, prévoyant que l'exemple d'une si prompte fortune ne manquerait pas de lui attirer un grand nombre de soldats, ne fit pas de difficulté de l'accorder.

LES CARAIBES. — CHASSE AUX PERROQUETS.

Les Caraïbes entreprennent un voyage dans une saison dangereuse, uniquement pour acheter une bagatelle, telle qu'un couteau ou des grains de verre, et donneront alors, pour ce qu'ils désirent, tout ce qu'ils ont apporté ; au lieu qu'ils n'en donneraient pas la moindre partie pour une boutique entière d'autres marchandises. Outre les paniers et d'autres meubles dont ils se défont, suivant eurs besoins ou leur goût, ils apportent aux Européens des perroquets, des lézards, de la volaille, des porcs, des ananas, des bananes, et diverses sortes de coquillages. Leur manière de prendre les perroquets est ingénieuse pour des sauvages. Ils observent, à l'entrée de la nuit, les arbres où ces oiseaux se perchent, et, dans l'obscurité, ils portent au pied de l'arbre des charbons allumés, sur lesquels ils mettent de la gomme et du piment vert. L'épaisse fumée qui en sort bientôt étourdit ces oiseaux jusqu'à les faire tomber comme ivres. Ils les prennent alors, leur lient les pieds et les ailes, et les font revenir en leur jetant de l'eau sur la tête. Si les arbres sont d'une hauteur qui ne permette point à la fumée d'y arriver, ils attachent au sommet d'une perche quelque vase de terre dans lequel ils mettent le feu, de la gomme et du piment; ils s'approchent autant qu'ils peuvent des oiseaux qu'ils veulent prendre, et les enivrent facilement.

ALVAREZ CABRAL.

Le Brésil fut découvert par Cabral, en 1500. Nous extrayons quelques mots de son voyage.

ANTHROPOPHAGIE CHEZ LES BRÉSILIENS.

On assure que la plupart des Brésiliens engraissent leurs prisonniers pour rendre leur chair du meilleur goût. Dans l'intervalle, ils passent le temps à la chasse et à la pêche. Le jour de la mort n'est jamais déterminé ; il dépend de l'embonpoint du captif. Lorsqu'il est venu, tous les Indiens de l'aldée sont invités à la fête. Ils passent d'abord quelques heures à boire et à danser, et non-seulement le prisonnier est au nombre des convives, mais, quoiqu'il n'ignore point que sa mort approche, il affecte de se distinguer par sa gaîté. Après la danse deux hommes robustes se saisissent de lui sans qu'il fasse de résistance ou qu'il laisse voir la moindre frayeur. Ils le lient d'une grosse corde au milieu du corps, mais ils lui laissent les mains libres et dans cet état ils le mènent comme en triomphe dans les aldées voisines. Loin d'en paraître abattu, il regarde d'un air fier ceux qui se présentent sur son passage ; il leur raconte hardiment ses exploits, surtout la manière dont il a souvent lié les ennemis de sa nation, et dont il les a rôtis et mangés, et leur prédit que sa mort ne demeurera pas sans vengeance, et qu'ils seront un jour mangés comme lui. Lorsqu'il a servi quelque temps de spectacle, et reçu les injures qu'on lui rend, ses deux gardes reculent, l'un à droite et l'autre à gauche, à la distance de huit ou dix pieds, tirant à mesure égale la corde dont ils le tiennent lié, de sorte qu'il ne peut faire un pas au milieu d'eux. On apporte à ses pieds un tas de pierres, et les gardes, se couvrant de leurs boucliers, lui déclarent qu'avant sa mort on lui laisse le pouvoir de la venger. Alors, entrant en fureur, il prend des pierres et les jette contre ceux qui l'environnent. Avec quelque soin qu'ils se retirent, il y en a toujours un grand nombre de blessés.

Aussitôt qu'il a jeté toutes ses pierres, celui dont il doit recevoir la mort et qui ne s'est pas montré pendant toute cette scène, s'avance la tacape à la main, paré de ses plus belles plumes. Il tient quelque discours au captif, et ce court entretien renferme l'accusation et la sentence. Il lui demande s'il n'est pas vrai qu'il a tué et mangé plusieurs de ses compagnons. L'autre se fait gloire d'un prompt aveu et défie même son bourreau par une formule énergique dans les langues du pays. « Rends-moi la liberté, lui dit-il, et je te mangerai toi et les tiens. — Eh bien ! réplique le bourreau, nous te préviendrons. Je vais t'assommer, et tu seras mangé ce jour même. » Le coup suit aussitôt la menace.

Ensuite des femmes apportent de l'eau chaude, dont elles lavent le corps : d'autres viennent, le coupent en pièces avec une extrême promptitude, et frottent les enfants de son sang pour les accoutumer de bonne heure à la cruauté. Avant l'arrivée des Européens, les corps étaient découpés avec des pierres tranchantes. Aujourd'hui les Brésiliens ont des couteaux en grand nombre. Il ne reste qu'à rôtir les pièces du corps et les entrailles, qui sont fort soigneusement nettoyées; tout l'emploi des vieilles femmes, comme celui des vieillards, en mangeant ce détestable mets, est d'exhorter les jeunes gens à devenir bons guerriers pour l'honneur de leur nation, et pour se procurer souvent le même festin.

L'usage commun des Brésiliens est de conserver dans leurs villages des morceaux de têtes de morts; et lorsqu'ils reçoivent la visite de quelque étranger, ils ne manquent pas de lui donner ce spectacle comme une trophée de leur valeur et des avantages qu'ils ont remportés sur leurs ennemis. Ils gardent aussi fort soigneusement les plus gros os des cuisses et des bras pour en faire diverses sortes de flûtes, et toutes les dents, qu'ils attachent en forme de chapelet pour les suspendre au cou. Ceux qui ont fait plusieurs prisonniers, croyant leur gloire bien établie, se font inciser, dès le même jour, la poitrine, les bras, les cuisses, le gras des jambes, et d'autres parties du corps pour éterniser la mémoire de leurs exploits.

CHASSE AU JAGUAR. — PÊCHE DES PERLES AU PANAMA.

Porto-Bello est entouré de montagnes couvertes de forêts et peuplées d'animaux féroces; aussi il y a peu de sûreté le soir dans les rues de la ville pour les animaux domestiques, et même pour les enfants. Un jaguar qui prend une fois goût à cette chasse semble dédaigner celle des montagnes. On leur tend des piéges à l'entrée des murs. Les nègres et les mulâtres qu'on emploie souvent à couper du bois ont autant d'adresse que de courage à s'en défendre dans les forêts, et les attaquent même avec une intrépidité surprenante. Ils ont pour ce dangereux combat un épieu de sept à huit pieds de long d'un bois fort, dont la pointe est durcie au feu, avec une espèce de coutelas. Le combattant tient l'épieu de la main gauche, et son coutelas de l'autre main ; il attend que le jaguar s'élance sur le bras qui tient l'épieu, et qui est enveloppé d'une pièce d'étoffe.

Quelquefois l'animal paraît sentir le danger, et demeurer comme sur ses gardes ; mais son ennemi ne craint pas de le provoquer, en le touchant légèrement de l'épieu, pour trouver mieux l'occasion d'assurer son coup. Aussitôt que le fier animal se voit insulté, il saisit l'épieu d'une de ses griffes, et de l'autre patte il empoigne le bras qui tient cette arme. Il le déchirerait du premier effort, sans l'obstacle du manteau. C'est l'instant dont le nègre se hâte de profiter pour lui décharger sur la jambe un coup du coutelas qu'il tient de la main droite, et qu'il a eu la précaution de cacher derrière lui. De ce coup il lui tranche le jarret, et lui fait abandonner le bras qu'il avait saisi. L'animal furieux se retire en arrière, sans lâcher l'épieu, et veut revenir aussitôt pour saisir le bras de son autre patte ; mais son adversaire lui décharge un second coup qui lui tranche encore un autre jarret, et qui le met à sa discrétion. Après avoir achevé de le tuer, il l'écorche, et revient triomphant avec sa peau, ses pattes et sa tête.

Un des plus grands avantages de Panama est la pêche des perles qui se fait aux îles de son golfe, surtout à celles du Roi et de Taboga. Il y a peu d'habitants qui n'emploient un certain nombre de nègres à cette précieuse pêche. La méthode n'est pas différente de celle du golfe Persique et du cap Comorin ; mais elle est plus dangereuse par la multitude des monstres marins qui font la guerre aux pêcheurs. C'est dans les lieux où se fait cette pêche que se trouvent toujours en plus grand nombre les requins, qui dévorent en un instant les malheureux plongeurs qu'ils peuvent saisir ; les mantas, autre espèce de monstres qui ont l'art de les envelopper de leur corps et de les étouffer, ou de les écraser contre le fond, en se laissant tomber sur eux de toute leur pesanteur. Ce poisson vorace, qui tire son nom de sa figure, est large, et s'étend en effet comme une pièce de drap. S'il joint un homme ou quelque autre animal, il l'enveloppe et le roule dans son corps comme dans une couverture, et bientôt il l'étouffe à force de le presser. Il ressemble à la raie, mais il est infiniment plus gros. Pour se défendre contre des ennemis si redoutables, chaque plongeur est armé d'un grand couteau pointu et fort tranchant. Dès qu'il aperçoit un de ces monstres, il l'attaque par quelque endroit dont il n'ait point à craindre de blessure, et lui enfonce son couteau dans le corps : le monstre ne se sent pas plutôt blessé qu'il prend la fuite. Les caporaux nègres qui ont l'inspection sur les autres esclaves, veillent de leur barque à l'approche de ces cruels animaux, et ne manquent point d'avertir les plongeurs en secouant une corde qu'ils ont autour du corps. Souvent un caporal se jette lui-même dans les flots, armé aussi d'un couteau, pour secourir le plongeur qu'il voit en danger ; mais ces précautions n'empêchent point qu'il n'en périsse toujours quelques-uns, et que d'autres ne reviennent estropiés d'une jambe ou d'un bras. Les Espagnols cherchent un moyen de rendre cette pêche plus sûre par quelque machine qui puisse défendre les pêcheurs ou les mettre à couvert. Jusqu'à présent toutes les inventions ont mal réussi.

ENCHANTEMENTS CHEZ LES VIRGINIENS.

« A la pointe du jour, dit Smith, écrivain anglais, on alluma un grand feu dans une maison longue, l'on y étendit des nattes, sur l'une desquelles on me fit asseoir. Alors mes gardes ordinaires reçurent ordre de sortir. Je vis entrer aussitôt un grand homme, d'un air rude, dont le corps était peint de noir, et qui avait sur la tête un paquet de peaux de serpents et de belettes, farcies de mousse, dont les queues attachées ensemble formaient au-dessus une espèce de houppe, et dont les corps, flottant sur ses épaules, lui cachaient presque entièrement le visage. Une couronne de plumes soutenait cet ornement bizarre. Il avait à la main une sonnette qu'il fit retentir longtemps, en prenant mille postures grotesques. Ensuite il commença son invocation d'une voix forte, et se mit à tracer un cercle autour du feu avec de la farine. Alors trois autres devins, peints de noir et de rouge, à l'exception de quelques parties des joues, qui l'étaient de blanc, vinrent sur la scène avec diverses gambades. Ils commencèrent tous à danser autour de moi, et bientôt il en parut trois autres, aussi difformes que les premiers, mais les yeux peints seulement de rouge, avec plusieurs traits blancs sur le visage. Après une assez longue danse, ils s'assirent tous vis-à-vis de moi, trois de chaque côté du chef; et tous sept ils entonnèrent une chanson qui fut accompagnée du bruit des sonnettes. Lorsque cette étrange musique fut finie, le chef mit à terre cinq grains de blé ; il ouvrit les bras, et les étendit avec tant de violence que ses veines parurent s'enfler. Il fit alors une courte prière, après laquelle ils poussèrent tous un soupir. Ensuite il remit trois grains de blé à quelque distance des autres, et le même exercice fut répété jusqu'à ce que les grains formassent trois cercles autour du feu. Ils prirent alors un paquet de petites branches apportées pour cet usage, dont ils mirent une dans chaque intervalle des grains. Cette opération dura tout le jour : ils le passèrent, comme moi, sans prendre aucune sorte d'aliment; mais, à l'entrée de la nuit, ils se traitèrent de ce qu'ils avaient de meilleur. La même cérémonie fut recommencée trois jours de suite, sans que je puisse deviner à quoi elle devait aboutir. Enfin ils me dirent que la nation avait voulu savoir si j'étais bien ou mal disposé pour elle ; que le cercle de farine signifiait leur pays, les cercles de grain les bornes de la mer, et les petites branches ma patrie. »

RIGUEUR DU FROID CHEZ LES ESQUIMAUX.

« L'air de ce pays n'est presque jamais serein ; dans le printemps et l'automne on y est continuellement assiégé par des brouillards épais et fort humides. En hiver, l'air est rempli d'une infinité de petites flèches glaciales qui sont visibles à l'œil, surtout lorsque le vent vient du nord ou de l'est, et que la gelée est dans sa force ; elle forme sur l'eau qui ne gèle point, c'est-à-dire que, partout où il reste de l'eau sans glace, il s'en élève une vapeur fort épaisse qu'on appelle *fumée de gelée*, et c'est cette vapeur qui, venant à se geler est transportée par les vents sous la forme visible de ces petites flèches.

« Pendant les grands froids, si l'on touche du fer ou tout autre corps uni et solide, les doigts y tiennent aussitôt par la seule force de la gelée. En buvant, touche-t-on le verre de la langue ou des lèvres, on emporte souvent la peau pour le retirer. Tous les corps solides, tels que le verre et le fer, acquièrent un tel degré de froid, qu'ils résistent longtemps à la plus grande chaleur. « Un jour, dit Ellis, je portai dans notre logement une hache qu'on avait laissée dehors ; je la mis à six pouces d'un bon feu, et je pris plaisir à jeter de l'eau dessus : il s'y forma à l'instant un gâteau de glace qui se soutint longtemps contre l'ardeur du feu. Il y a beaucoup d'apparence que les montagnes de glace s'accroissent de même, pendant que l'air qui les environne est tempéré.

« On avait fait un trou de quatre mètres de profondeur pour garantir nos liqueurs du froid, avec le soin de les y placer entre deux lits d'arbrisseaux et de mousse d'un pied d'épaisseur, et le tout avait été couvert d'une terre savoneuse. Non-seulement ces précautions n'empêchèrent point que plusieurs de nos tonneaux de bière ne fussent gelés, et ne crevassent même, quoique reliés en cercles de fer ; mais, ayant eu la curiosité de faire creuser, j'y trouvai la terre gelée à quatre pieds au-delà, et de la dureté d'une pierre.

» Qui ne s'imaginerait que les habitants d'un si rigoureux climat doivent être les plus malheureux de tous les hommes ? Cependant ils sont fort éloignés d'avoir cette opinion de leur sort. Les fourrures dont ils sont couverts, la mousse et les peaux dont leurs cabanes sont revêtues, les mettent de niveau avec les peuples des climats plus tempérés. S'ils ne forment point de sociétés nombreuses, c'est qu'ils trouveraient plus difficilement de quoi s'habiller et se nourrir ; mais en changeant souvent d'habitation pour se procurer des chasses et des pêches abondantes, il leur est toujours aisé de satisfaire à ces deux besoins. »

CROYANCES SUPERSTITIEUSES CHEZ QUELQUES SAUVAGES DE L'AMÉRIQUE SEPTENTRIONALE.

« Quand on leur demande ce qu'ils pensent des âmes, ils répondent qu'elles sont les ombres ou les images animées du corps ; et c'est par une suite de ce principe qu'ils croient tout animé dans l'univers. C'est par tradition qu'ils supposent l'âme immortelle. Ils prétendent que, séparée du corps, elle conserve les inclinations qu'elle avait pendant la vie ; et de là vient l'usage d'enterrer avec les morts tout ce qui servait à satisfaire leurs besoins ou leurs goûts. Ils sont même persuadés que l'âme demeure longtemps près du corps après leur séparation, et qu'ensuite elle passe dans un pays qu'ils ne connaissent point, où, suivant quelques-uns, elle est transformée en tourterelle. D'autres donnent à tous les hommes deux âmes : l'une telle qu'on vient de dire, l'autre qui ne quitte jamais les corps, et qui ne sort de l'un que pour passer dans un autre.

» Cette raison leur fait enterrer les enfants sur le bord des grands chemins, afin qu'en passant les femmes puissent recueillir ces secondes âmes, qui, n'ayant pas joui longtemps de la vie, sont plus empressées d'en recommencer une nouvelle. Il faut aussi les nourrir et c'est dans cette vue qu'on porte diverses sortes d'aliments sur les tombes ; mais ce bon office dure peu, et l'on suppose qu'avec le temps les âmes s'accoutument à jeûner. La peine qu'on a quelquefois à faire subsister les vivants fait oublier le soin de nourrir les morts. L'usage est aussi d'enterrer avec eux tout ce qu'ils possédaient, et l'on y joint même des présents : aussi le scandale est-il extrême dans toutes ces nations lorsqu'elles voient les Européens ouvrir les tombes pour en tirer les robes de castor qu'elles y ont enfermées. Les sépultures sont des lieux si respectés que leur profanation passe pour l'injure la plus atroce qu'on puisse faire aux sauvages d'une bourgade.

« Sans connaître le pays de ces âmes, c'est-à-dire le lieu où elles passent en sortant du corps, ils croient que c'est une région fort éloignée vers l'ouest, et qu'elles mettent plusieurs mois à s'y rendre. Elles ont même de grandes difficultés à surmonter dans cette route : on parle d'un grand fleuve qu'elles ont à passer, et sur lequel plusieurs font naufrage ; d'un chien dont elles ont beaucoup de peine à se défendre ; d'un lieu de souffrances où elles expient leurs fautes ; d'un autre où sont tourmentées celles des prisonniers de guerre qui ont été brûlés, et où elles se rendent le plus tard qu'elles peuvent. De là vient que, après la mort de ces malheureux, dans la crainte que leurs âmes ne demeurent autour des cabanes pour se venger des tourments qu'on leur a fait souffrir, on visite soigneusement les lieux voisins, avec la précaution de frapper de grands coups de baguette et de pousser de grands cris pour les obliger de s'éloigner.

» La félicité future consiste à trouver une chasse et une pêche qui ne manquent point, un printemps perpétuel, une grande abondance de vivres sans aucun travail, et tous les plaisirs des sens. Tous leurs vœux n'ont pas d'autre objet pendant la vie, et leurs chansons, qui sont ordinairement leurs prières, roulent sur la continuation des biens présents. Ils se croient sûrs d'être heureux après la mort à proportion de ce qu'ils le sont dans cette vie. Les âmes des bêtes ont aussi leur place dans le même pays, car ils ne les croient pas moins immortelles que leurs propres âmes. Ils leur attribuent même une sorte de raison, et non-seulement chaque espèce d'animaux, mais chaque animal a son génie comme eux. En un mot, ils ne mettent qu'une différence graduelle entre les hommes et les brutes ; l'homme n'est pour eux que le roi des animaux, qui possède les mêmes attributs dans un degré fort supérieur.

» Rien n'approche de leur extravagance et de leur superstition pour tout ce qui regarde les songes. Ce n'est pas seulement sur celui qui a rêvé que tombe l'obligation d'exécuter l'ordre qu'il reçoit, mais ce serait un crime pour ceux auxquels il s'adresse de lui refuser ce qu'il a désiré dans son rêve. Les missionnaires en rapportent des exemples qui paraîtraient incroyables sur tout autre témoignage.

» Si ce qu'un particulier désire en songe est de nature à ne pouvoir être fourni par un autre particulier, le public s'en charge ; fallût-il l'aller chercher à cinq cents lieues, il faut le trouver à quelque prix que ce soit, et, quand on y est parvenu, on le conserve avec des soins surprenants. Si c'est une chose inanimée, on est plus tranquille ; mais si c'est un animal, sa mort cause des inquiétudes qui ne peuvent être représentées. L'affaire est plus sérieuse encore quand quelqu'un s'avise de rêver qu'il casse la tête à un autre, car il la lui casse en effet s'il le peut ; mais malheur à lui si quelque autre s'avise de songer qu'il venge sa mort.

» Le seul remède entre ceux qui ne sont pas d'humeur sanguinaire est d'apaiser le génie par quelque présent. »

HABITATIONS AMÉRICAINES.

Les Américains habitent un pays fort rude et fort inculte ; mais il l'est encore moins que celui qu'ils choisissent pour leurs chasses. Il faut marcher longtemps pour y arriver, et porter sur le dos toutes les provisions nécessaires dans un voyage de cinq ou six mois, par des chemins où l'on ne comprend pas que des bêtes fauves puissent passer. Si l'on n'avait pas la précaution de se fournir d'écorce d'arbre, on ne trouverait pas de quoi se mettre à couvert de la pluie et de la neige. En arrivant au terme d'une si pénible marche, on se procure un peu plus de commodité, ce qui ne consiste qu'à se défendre un peu mieux des injures de l'air. Chacun y travaille. Les missionnaires qui n'avaient personne pour les servir, et pour qui les sauvages n'avaient aucune considération, n'étaient pas plus ménagés que les derniers des chasseurs ; ils n'avaient pas même de cabane séparée, et leur logement était dans la première où l'on consentait à les recevoir. Ces cabanes, chez la plupart des nations algonquines, sont à peu près de la forme de nos glacières, c'est-à-dire rondes et terminées en cône ; elles n'ont pour soutien que des perches plantées dans la neige, jointes ensemble par le haut, et recouvertes d'écorces mal jointes et mal attachées : aussi ne garantissent-elles d'aucun vent. Leur construction demande à peine une heure de temps. Les branches de sapin y tiennent lieu de nattes et servent de lits. Les neiges qui s'accumulent à l'entour forment une espèce de parapet. La fumée des feux remplit tellement le haut de la cabane qu'on ne peut y être debout sans avoir la tête dans une espèce de tourbillon ; souvent on ne distingue rien à la distance de deux ou trois pieds. On perd les yeux à force de pleurer, et quelquefois, pour s'y faciliter un peu la respiration, il faut se tenir couché sur le ventre, avec la bouche presque collée contre terre. On aimerait mieux rester dehors, si le temps ne s'y opposait : tantôt c'est une neige dont l'épaisseur obscurcit le jour ; tantôt un vent sec qui coupe le visage, et qui fait éclater les arbres dans les forêts. A de si cruelles incommodités il faut en ajouter une autre ; c'est la persécution des chiens. Les sauvages en ont toujours un grand nombre qui les suivent sans cesse et qui leur sont extrêmement atttachés, peu caressants parce qu'on ne les caresse point, mais infatigables et fort habiles chasseurs. On les dresse de bonne heure pour les différentes chasses. Le soin de leur nourriture n'occupe jamais leurs maîtres ; ils ne vivent que de ce qu'ils peuvent trouver : aussi sont-ils toujours maigres et si dépourvus de poil que leur nudité les rend fort sensibles au froid. S'ils ne peuvent approcher du feu, où ils ne pourraient tenir tous quand il n'y aurait personne dans la cabane, ils se couchent sur les premiers lits qu'ils rencontrent, et souvent on se réveille la nuit presque étouffé par une troupe de chiens. En vain s'efforce-t-on de les chasser, ils reviennent aussitôt. Leur importunité recommence au jour. Ils ne voient paraître aucun aliment dont ils ne prétendent leur part. Un pauvre missionnaire, à demi couché proche du feu, luttant contre la fumée qui lui permet à peine de lire son bréviaire, est exposé aux insultes d'une multitude de chiens qui passent et repassent devant lui, en courant après un morceau de viande qu'ils ont aperçu. Lui présente-t-on quelque chose à manger, il est embarrassé à se défendre contre ceux qui l'attaquent de front, et, lorsqu'il croit sa portion sûre, il en vient un par derrière qui lui en enlève la moitié, ou qui fait la tomber dans les cendres. Mais la faim devient souvent le pire de tous les maux. On a compté sur la chasse, qui ne donne pas toujours. Les provisions dont on s'est chargé s'épuisent bientôt. Quoique les sauvages sachent supporter la faim, ils se trouvent quelquefois réduits à de si grandes extrémités qu'ils y succombent.

Ce missionnaire fut obligé de manger des peaux d'anguilles et d'élans dont il avait raccommodé son habit et puis de jeunes branches et la plus tendre écorce des arbres. Cette épreuve en a fait périr beaucoup. Quelle est belle la religion qui inspire de tels dévouements !

ÉLOQUENCE DES IROQUOIS.

En 1684, La Barre, gouverneur général de la Nouvelle-France, craignant quelque irruption de la part des Iroquois, qui s'étaient rendus plus redoutables que jamais et qui avaient aussi leurs sujets de plainte, engagea d'Iberville, gentilhomme canadien, à lui amener quelques anciens auxquels il se flattait encore d'inspirer le goût de la paix, ou d'imposer par sa fermeté. Il s'était avancé jusqu'au fort de Catarocouï, avec un corps de troupes qu'il voulait faire passer pour une simple escorte, et d'Iberville revint en effet avec un des principaux chefs des Onontagués, qui se nommait Grangula, suivi de trente jeunes guerriers. Mais dans l'intervalle une partie des troupes françaises fut affligée de diverses maladies. Cette disgrâce ne put être cachée aux sauvages, parce que plusieurs d'entre eux, qui entendaient un peu le français, se glissèrent pendant la nuit derrière les tentes, où les discours inconsidérés de quelques soldats leur firent connaître l'état des malades. Cependant, deux jours après leur arrivée, le chef fit dire à La Barre qu'il était prêt à l'entendre, et l'assemblée, se tint entre les deux camps.

Grangula s'assit à la manière orientale au milieu de ses guerriers, qui prirent la même posture. Il avait la pipe à la bouche et le grand calumet de paix était vis à vis de lui avec un collier. La Barre, assis dans un grand fauteuil, avait des deux côtés une foule d'officiers français. Il ouvrit la conférence.

. . . .

. . . .

La Barre ayant cessé de parler, Grangula, qui ne regardait que le bout de sa pipe, se leva et fit cinq ou six tours dans le cercle composé de Sauvages et de Français, revint à sa place, se plaça debout devant le général, et, le regardant d'un œil fixe, lui répondit en ces termes :

« Onnontio (*grande montagne*, titre d'honneur que les sauvages donnaient aux gouverneurs français), Onnontio, je t'honore. Tous les guerriers qui m'accompagnent t'honorent aussi. Ton interprète a fini son discours, je vais commencer le mien. Ma voix court à ton oreille ; écoute mes paroles :

« Onnontio, il fallait que tu crusses, en partant de Québec, que l'ardeur du soleil eût embrasé les forêts qui rendent nos pays inaccessibles aux Français, ou que le lac les eût tellement innondées que, nos cabanes se trouvant environnées de ces eaux, il nous fût impossible d'en sortir. Oui, Onnontio, il faut que tu l'aies cru et que la curiosité de voir tant de pays brûlés ou submergés t'ait porté jusqu'ici.

Tu es maintenant désabusé, puisque moi et mes guerriers venons t'assurer que les Tsonontouans, les Goyoguans, les Oneyouths et les Agniés n'ont pas encore péri. Je te remercie en leur nom d'avoir rapporté sur leurs terres ce calumet de paix que ton prédécesseur a reçu de leurs mains. Je te félicite en même temps d'avoir laissé sous terre la hache meurtrière qui a rougi tant de fois du sang des Français. Ecoute, Onnontio : je ne dors point, j'ai les yeux ouverts et le soleil qui m'éclaire me fait découvrir à la tête d'une troupe de guerriers un grand capitaine qui parle en sommeillant. Il dit qu'il ne s'est approché de ce lac que pour fumer dans le grand calumet de paix avec les Onontagués ; mais Grangula sait au contraire que c'était pour leur casser la tête, si tant de vrais Français ne s'étaient affaiblis. Je vois qu'Onnontio rêve dans un camp de malades à qui le Grand-Esprit a sauvé la vie par des infirmités.

» Ecoute, Onnontio : nos femmes avaient pris les casses-têtes, nos enfants et nos vieillards portaient déjà l'arc et la flèche à ton camp, si nos guerriers ne les eussent retenus et désarmés, lorsque ton ambassadeur Akouessan parut dans mon village. C'est en fait, j'ai parlé.

» Ecoute, Onnontio : nous n'avons pas pillé d'autres Français que ceux qui portaient des fusils, de la poudre et des balles aux Otamis et aux Illinois, nos ennemis, parce que ces armes auraient pu leur coûter la vie. Nous avons fait comme les Jésuites, qui cassent tous les barils d'eau-de-vie qu'on porte dans nos villages, de peur que les ivrognes ne leur cassent la tête. Nos guerriers n'ont point de castors pour payer toutes les armes qu'ils ont pillées, les pauvres vieillards ne craignent point la guerre. Ce collier contient ma parole.

» Nous avons introduit les Anglais dans les lacs pour y trafiquer avec les Otaouais et les Hurons, de même que les Algonquins ont conduit les Français à nos villages, que les Anglais disent leur appartenir. Nous sommes nés libres ; nous ne dépendons ni d'Onnontio, ni de *Colar* (nom que les sauvages donnent aux gouverneurs anglais). Il nous est permis d'aller où nous voulons, d'y conduire qui bon nous semble, d'acheter et de vendre, et à qui il nous plaît. Si tes alliés sont tes esclaves ou tes enfants, traite-les comme tes esclaves ou comme tes enfants, ôte-leur la liberté de recevoir chez eux d'autres gens que les tiens. Ce collier contient ma parole.

» Nous avons cassé la tête aux Illinois et aux Otamis, parce qu'ils ont coupé les arbres de paix qui servaient de limite à nos frontières. Nous avons moins fait que les Anglais et les Français, qui, sans droit, ont usurpé les terres qu'ils possèdent sur plusieurs nations qu'ils ont chassées de leur pays, pour bâtir des villes, des villages et des forteresses. Ce collier contient ma parole.

» Ecoute, Onnontio : ma voix est celle de cinq cabanes iroquoises. Voilà ce qu'elles te répondent. Ouvre encore l'oreille pour entendre ce qu'elles te font savoir. Les Tsonontouans, les Goyoguans, les Onontagués, les Oneyouths et les Agniés disent que, quand ils enterrèrent la hache à Gatarocouï, en présence de son prédécesseur, au centre du fort, ils plantèrent au même lieu l'arbre de paix, pour y être conservé ; qu'au lieu d'une retraite de guerriers, ce fort ne devait plus être qu'une retraite de marchands ; qu'au lieu d'armes et de munitions, il n'y aurait plus que des marchandises et des castors qui pussent y entrer. Ecoute, Onnontio ; prends garde à l'avenir qu'un aussi grand nombre de guerriers que celui qui paraît ici, se trouvant enfermé dans un si petit fort, n'étouffe cet arbre. Ce serait dommage que, ayant si aisément pris racine, on ne l'empêchât de croître et de couvrir un jour de ses rameaux ton pays et le nôtre. Je t'assure, au nom des nations, que nos guerriers danseront sous ces feuillages la danse du calumet, qu'ils demeureront tranquilles sur leurs nattes et qu'ils ne déterreront la hache, pour couper l'arbre de paix, que quand leurs frères Onnontio et Colar, conjointement ou séparément, entreprendront d'attaquer le pays dont le Grand-Esprit a disposé en faveur de nos ancêtres. Ce collier contient ma parole : et cet autre, le pouvoir que les cinq nations m'ont donné. »

Enfin Grangula s'adressant à d'Iberville, lui dit : « *Akouessan*, prends courage. Tu as l'esprit : parle, explique ma parole ; n'oublie rien, dis tout ce que tes frères et tes amis annoncent à ton chef Onnontio par la voix de Grangula, qui t'honore et t'invite à recevoir ce présent de castors et à te trouver tout à l'heure à son festin. Ces autres présents de castors sont envoyés à Onnontio de la part des cinq nations. »

L'Iroquois ayant cessé de parler, d'Iberville et quelques jésuites présents expliquèrent sa réponse à La Barre, qui entra dans la tente fort mécontent de la fierté de Grangula. C'était la première fois qu'il traitait avec les sauvages.

CHASSE AUX CASTORS.

La prodigieuse quantité de ces animaux que les premiers Français trouvèrent au Canada fait juger qu'avant leur arrivée l'ardeur des sauvages n'était pas grande pour cette chasse.

L'industrie que le castor déploie dans la préparation de son logement et de sa subsistance semble l'abandonner lorsqu'il s'agit de pourvoir à sa sûreté. C'est pendant l'hiver qu'il est exposé aux persécutions des chasseurs, c'est-à-dire depuis novembre jusqu'à avril, parce qu'alors, comme tous les autres animaux, il a plus de poil et la peau plus mince. Les sauvages ont quatre méthodes : les filets, l'affût, la tranche et la trappe ; ils joignent ordinairement la première à la troisième et rarement ils emploient la seconde : le castor a les yeux si perçants et l'oreille si fine qu'il est difficile de s'en approcher avant qu'il ait gagné l'eau, où il plonge d'abord et dont il ne s'écarte pas beaucoup en hiver ; on le perdrait même quand il aurait été blessé d'un coup de flèche ou de balle avant que de s'être jeté à l'eau, parce qu'il ne revient point au-dessus lorsqu'il meurt d'une blessure. Ainsi les méthodes communes sont celle de la trappe et de la tranche.

Quoique ces animaux aient amassé leurs provisions pour l'hiver, ils font cependant quelques excursions dans les bois pour y chercher une nourriture plus fraîche et plus tendre. Les sauvages dressent des trappes sur leur chemin, à peu près telles que nos quatre de chiffre, et mettent pour amorce de petits morceaux de bois tendre fraîchement coupées. Le castor n'y a pas plutôt touché qu'il lui tombe sur le corps une grosse bûche qui lui casse les reins ; et le chasseur qui survient l'achève sans peine. La tranche demande plus de précaution. Lorsque l'épaisseur de la glace est de 15 centimètres, on y fait une ouverture avec la hache. Les castors ne manquent pas d'y venir pour respirer avec plus de liberté : on les y attend ; on remarque même leur approche au mouvement qu'ils donnent à l'eau et rien n'est plus facile que de leur casser la tête au moment qu'on la découvre. Si l'on ne veut point être aperçu de l'animal, on met sur le trou de la bourre des roseaux ou des épis de typha ; et, lorsqu'il est a portée, on le saisit par une patte, on le jette sur la glace et quelques coups l'assomment avant qu'il soit revenu de son étourdissement. Si la cabane est proche de quelque ruisseau, il en coûte encore moins. On coupe la glace en travers pour y tendre un grand filet ; ensuite on va briser la cabane. Tous les castors qu'elle contient ne manquent point de se sauver dans le ruisseau et se trouvent pris dans le filet ; mais on les y laisse peu, parce qu'ils s'échapperaient en le coupant.

Ceux qui bâtissent leurs cabanes dans les lacs ont, à quelques cent pas du rivage, une autre retraite qui leur tient lieu de maison de campagne, pour y respirer un meilleur air. Alors les chasseurs se partagent en deux bandes ; l'une pour briser la cabane des champs, l'autre pour donner en même temps sur celle du lac. Les castors d'une cabane veulent se réfugier dans l'autre et coûtent peu à tuer dans le passage. En quelques endroits on se contente de faire une ouverture aux digues : les castors se trouvent bientôt à sec et demeurent sans défense. S'ils n'aperçoivent pas les auteurs du mal, ils accourent pour y remédier; mais comme on est préparé à les recevoir, il est rare qu'on les manque, ou du moins qu'on en prenne pas plusieurs. Quelques relations assurent que, s'ils découvrent les chasseurs ou quelques-unes des bêtes carnassières qui leur font la guerre, ils plongent avec un si grand bruit, en battant l'eau de leur queue, qu'on les entend d'une demi-lieue, apparemment pour avertir tous les autres du péril qui les menace. Ils ont l'odorat si fin que, dans l'eau même, ils sentent de fort loin les canots ; mais on ajoute qu'ils ne voient que de côté et que ce défaut les livre souvent aux chasseurs qu'ils veulent éviter.

Les chasseurs empêchent soigneusement que leurs chiens ne touchent aux os des castors, parce qu'ils sont d'une dureté à laquelle il n'y a point de dents qui résistent.

PECHE DE LA BALEINE CHEZ LES ISLANDAIS.

Aussitôt qu'on aperçoit une baleine, ou qu'on l'entend souffler ou rejeter l'eau, on crie d'abord : *Fall! fall!* c'est-à-dire : En bas! en bas! et tous les pêcheurs se jettent dans leurs canots. Chaque canot contient ordinairement six hommes, et quelquefois sept, suivant sa grandeur. Ils approchent de la baleine à force rames. Le harponneur, qui est sur l'avant, se lève et lance le harpon qu'il a devant lui. Le monstre n'est pas plutôt frappé que, voulant aller à fond, il tire la corde avec tant de force que l'avant du canot se trouve au niveau des flots et qu'il l'entraînerait même au fond si l'on n'avait une extrême attention à filer continuellement la corde. La méthode pour lancer le harpon est de tenir la pointe du fer vers la main gauche, avec la première des deux cordes auxquelles il est attaché. Cette corde a 6 ou 7 brasses de long ; son épaisseur est de 2 centimètres. On a pris soin de la disposer en rouleau lâche, afin qu'elle ne retienne pas le harpon lorsqu'on le lance ; elle doit être plus souple que l'autre corde qui la retient et qui est à l'autre bout du harpon, pour suivre le poisson dans sa fuite : aussi la fait-on du chanvre le plus doux et le plus fin, sans la goudronner. Le harponneur lance son instrument de la main droite. Lorsque la baleine est frappée, tous les canots virent de bord. L'on porte les yeux en avant et l'on se hâte de placer les avirons de chaque côté des canots.

On tâche de frapper la baleine à l'oreille ou au dos ; on s'efforce aussi de la percer avec des lances pour lui faire perdre plus de sang. La tête est l'endroit où le harpon a le moins de prise, parce que les os y sont fort durs et qu'il y a peu de graisse. On juge même que l'animal se connaît cette propriété, car, lorsqu'il se voit en danger et qu'il ne peut se garantir du harpon, il y expose la tête plus ordinairement que le dos. Le fer du harpon a la forme d'une flèche par le bout, avec deux tranchants. L'extrémité qui est le plus près du manche est épaisse comme le dos d'un couperet, afin qu'il ne puisse ni couper par là, ni se détacher. Le manche est plus gros par le haut que par le bas et creux jusqu'à la moitié, pour y faire entrer le fer, qu'on fixe ensuite avec une grosse ficelle. La petite corde qu'on a nommée la première tient au fer, près du manche. Le plus grand poids du fer doit toujours être en bas, afin que, de quelque manière que le harpon soit lancé, il tombe toujours sur la pointe. Les meilleurs harpons sont ceux qui ne sont pas trempés et qui peuvent plier sans rompre.

Quand la baleine fuit, tous les canots vont de l'avant, suivant des yeux la corde pour en connaître la direction et la tirent quelquefois pour connaître à sa raideur le degré de force qui reste à l'animal.

Lorsqu'elle paraît lâche et qu'elle ne fait pas pencher l'avant de la chaloupe plus que le derrière, on pense à la retirer. Un des pêcheurs la remet en rouleau à mesure qu'on la tire, pour être en état de la filer avec la même facilité, si la baleine recommençait à fuir. On observe aussi de ne pas trop lâcher la corde à celles qui fuient au niveau de l'eau, parce qu'en agitant elles pourraient l'accrocher à quelque roche et faire sauter le harpon. Des baleines mortes, ce ne sont pas les plus grasses qui s'enfoncent aussitôt ; on remarque, au contraire, que plus elles sont maigres, plus elles vont vite à fond, quoiqu'elles reviennent sur l'eau quelques jours après. Mais on n'attend point que celles qui disparaissent ainsi remonte d'elles-mêmes, et l'effort de tous les pêcheurs se réunit pour les conduire au vaisseau. A la vérité, si la mer était assez calme pour permettre de s'arrêter longtemps dans le même lieu, ils auraient moins de peine à les prendre au niveau des flots.

Mais, outre les obstacles du vent et des courants, une baleine morte depuis quelques jours est d'une saleté et d'une puanteur insupportables ; sa chair se remplit de vers longs et blancs. Plus elle demeure dans l'eau, plus elle s'élève ; la plupart se découvrent d'un ou deux pieds. A quelques-unes on voit la moitié du corps ; mais alors elles crèvent avec un bruit extraordinaire. Leur chair fermente ; il se fait de si grands trous au ventre qu'une partie des boyaux en sort. La vapeur qui s'en exhale enflamme les yeux et n'y cause pas moins de douleur que si l'on y avait jeté de la chaux vive. Des baleines qui remontent en vie sur l'eau, les unes paraissent seulement étonnées, d'autres sont farouches et furieuses. On a besoin alors d'une extrême précaution pour s'en approcher, car, pour peu que l'air soit serein, une baleine entend le mouvement des rames. Dans cet état, on lui lance un nouveau harpon, quelquefois deux, suivant l'opinion qu'on a de ses forces. Ordinairement elle replonge. Cependant quelques-unes se mettent à nager au niveau de l'eau, en agitant la queue et les nageoires. Si, dans ce mouvement, la corde s'entortille autour de la queue, le harpon en est plus ferme et l'on ne craint pas qu'il se détache.

Les baleines blessées rejettent l'eau de toutes leurs forces : on les entend d'aussi loin que le bruit d'un gros canon ; mais lorsqu'elles ont perdu tout leur sang ou qu'elles sont tout à fait lasses, elles ne rejettent l'eau que faiblement et comme par gouttes. Avec l'eau qu'elles font rejaillir par leurs naseaux, elles jettent une espèce de graisse qui nage sur l'eau et que les mallemuckes avalent fort avidement.

S'il arrive qu'un harpon se brise ou se détache, les pêcheurs d'un autre vaisseau qui s'en aperçoivent ne manquent point de lancer leur propre harpon, et, s'ils frappent la baleine, elle leur appartient. Quelquefois une baleine est frappée en même temps de deux harpons lancés par deux vaisseaux différents. Alors les deux vaisseaux y ont droit égal et chacun en obtient la moitié. Tous les canots qui accompagnent celui d'où le harpon est lancé attendent que la baleine remonte et la pressent à coup de lances. Ce moment est toujours le plus dangereux, car le canot qui a lancé le harpon, quoique entraîné par la baleine, s'en trouve ordinairement fort éloigné ; au lieu que les autres, qui viennent la frapper de leurs lances, sont comme sur elle, ou du moins à ses côtés et ne peuvent guère éviter d'en recevoir des coups très rudes, suivant la violence de ses mouvements. Sa queue et ses nageoires battent si furieusement l'eau, qu'elles la font sauter et retomber comme en poussière. Ce choc peut briser un canot ; mais on a déjà remarqué que les grands vaisseaux n'en reçoivent aucun dommage et qu'au contraire l'animal en souffre beaucoup : il en saigne si fort qu'il achève de perdre ses forces et le vaisseau demeure tout rouge de son sang.

Les lances sont composées d'une hampe d'environ dix pieds de longueur et d'un fer pointu long de cinq pieds, qui doit être médiocrement trempé, afin qu'il puisse plier sans se rompre. Après avoir enfoncé la lance, on la remue de divers côtés pour élargir la blessure.

Il arrive quelquefois que les lances de trois ou quatre canots demeurent enfoncées dans le corps d'une baleine.

Aussitôt que l'animal est mort, on lui coupe la queue, parce que, étant transversale, elle retarderait la marche des canots. Quelques pêcheurs allemands gardent la queue et les nageoires et les suspendent au côté du vaisseau pour les garantir des glaces lorsqu'il s'en trouve assiégé. Les canots étant amarrés à la queue les uns des autres, on attache la baleine à l'arrière du dernier et l'on retourne au vaisseau dans cet ordre. En y arrivant, la baleine y est amarrée avec des cordes, la tête vers la poupe et la queue vers la proue. Ensuite deux canots se placent de l'autre côté de l'animal et se maintiennent dans cette situation par une longue gaffe qu'un matelot ou un mousse appuie contre le navire. Le harponneur de chaque canot est à l'avant ou sur la baleine même, vêtu d'un habit de cuir et quelquefois en bottes. On fiche des crampons de fer dans le corps de la baleine pour se tenir ferme sur sa peau, parce qu'elle est si glissante qu'on s'y laisse tomber comme sur la glace. Deux pêcheurs, chargés de couper le lard, reçoivent pour leur peine quatre ou cinq rixdalers. La première pièce qu'ils doivent couper est celle du derrière de la tête, près des yeux, dont elle est l'enveloppe : c'est la plus grosse, toutes les autres se coupent en tranches le long du corps. La longueur de cette première pièce, lorsqu'elle est posée debout, s'étend depuis la surface de l'eau jusqu'à la hune du grand mât. Ensuite on coupe d'autres pièces, qu'on tire aussi sur le pont, et les matelots qui sont à bord les découpent en morceaux carrés d'un pied de longueur. Leurs couteaux, avec les manches, sont à peu près de la longueur d'un homme. A mesure qu'on détache les pièces de la baleine, on la lève avec des poulies pour se donner plus de facilité à la dépecer ; les morceaux carrés sont découpés en morceaux beaucoup plus petits, qu'on jette dans les tonneaux. Durant cette opération, on a soin de se tenir éloigné du lard autant qu'il est possible, parce qu'on pense qu'il pourrait causer une contraction de nerfs capable de rendre perclus des mains et des bras.

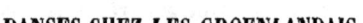

DANSES CHEZ LES GROËNLANDAIS.

Quand le froid et la nuit les rassemble autour de leurs foyers, au défaut des travaux qui doivent entretenir la chaleur et le mouvement, ils sont obligés d'imaginer des jeux et des exercices, des festins et des danses, des moyens, en un mot, de faire circuler le sang dans leurs veines jusqu'aux extrémités du corps. Par une suite de ce besoin, les Groënlandais s'assemblent et s'invitent de toutes parts à manger ce qu'ils ont de meilleur, allant tour à tour de cabane en cabane chercher la bonne chair, en attendant la peine. S'ils n'ont pas, comme nous, le barbare et sot plaisir de s'enivrer, en revanche ils mangent d'autant plus qu'ils ne boivent que de l'eau.

Quand ils se sont gorgés à crever, ils se lèvent de table pour danser au bruit du tambour. Cet instrument est fait d'un cerceau de baleine ou de bois, large de deux doigts, courbé en ovale, où l'on a tendu un vélin très fort, quoique assez mince ; ce vélin est tiré de la peau d'une langue de baleine, et l'ellipse qu'il forme sur le tambour, fait en forme de raquette, se tient de la main gauche par un manche, tandis qu'on le frappe de la droite avec une baguette. A chaque coup, celui qui bat le tambour fait un saut sans sortir de sa place, avec des mouvements de tête et de tout le corps. La mesure est juste et les temps sont marqués à deux coups pour la valeur d'une croche. Le ménétrier accompagne sa musique et sa danse d'une chanson sur la pêche aux phoques, sur les exploits maritimes de la nation, les hauts faits de ses ancêtres et sur le retour du soleil à l'horizon du Groënland. L'assemblée répond au chantre par des sauts et des cris de joie entrecoupant les couplets de sa chanson de ce refrain, qu'on repète en chœur : *Amna aiah, aiah-ah-ah !*

Quand ce chantre a joué de cette façon à peu près un acte, ou plutôt une scène qui dure un quart-d'heure, il se retire tout hors d'haleine, baigné de sueur et presque épuisé du chant, des cris, des sauts, des contorsions et des grimaces dont il a diverti l'assemblée. Un autre prend aussitôt la place et son rôle. Le jeu dure ainsi toute la nuit ; on dort le lendemain jusqu'au soir, où la fête recommence par le souper, suivi du bal. Plusieurs jours se passent de même, jusqu'à ce qu'il n'y ait plus de provisions de bouche au théâtre, ou que les acteurs aient entièrement perdu les forces et la voix.

CROYANCES DES GROENLANDAIS.

Les Groënlandais, les plus sensés, dit-on, mais qui ne font pas à beaucoup près le plus grand nombre, croient à une âme spirituelle, qui ne se nourrit point des mêmes aliments que le corps, qui survit à la corruption de ce moule fragile, mais se soutient on ne sait comment. De cette idée d'immortalité naît la croyance d'une vie à venir qui ne finira jamais ; et c'est sur ce genre de vie éternelle que s'exercent la bizarrerie et la liberté des opinions.

Comme les Groënlandais tirent de la mer la meilleure partie de leurs subsistances, ils placent leur Elysée au fond de l'Océan, ou dans les entrailles de la terre, sous ces rochers qui servent de digue et de soutien aux eaux. Là, disent-ils, règne un été perpétuel (car ils ne connaissent pas de printemps), le soleil n'y laisse pas entrer la nuit, les eaux y sont toujours claires ; tous les biens y abondent, c'est-à-dire les rennes, les eiders, les poissons ; mais surtout les phoques s'y pêchent sans aucune peine et tombent tout vivants dans des chandières toujours bouillantes. Mais pour arriver à ces demeures fortunées il faut l'avoir mérité par l'adresse et la constance au travail : c'est la première vertu des Groënlandais ; il faut s'être signalé par des exploits à la pêche, avoir dompté les baleines et les monstres marins, avoir péri dans la mer (car c'est le champ d'honneur), avoir souffert de grands maux.

Les âmes n'abordent pas en dansant à cet Elysée, mais doivent y glisser pendant cinq jours le long d'un rocher escarpé, tout hérissé de pointes et couvert de sang. On doute si cette opinion n'est pas restée aux Groënlandais de quelque idée du purgatoire que les Européens y apportèrent il y a neuf ou dix siècles. Les âmes qui doivent acheter l'Elysée par un si rude voyage dans le cœur de l'hiver, portées sur les ailes de la tempête qui les précipite, courent le risque d'éprouver en route une seconde mort qui serait suivie de l'anéantissement : c'est ce que les Groënlandais craignent le plus. Aussi la commisération pour ces âmes souffrantes fait que les parents d'un mort sont pendant cinq jours obligés de s'abstenir de certains aliments (sans doute par une espèce de jeûne) et de travail bruyant, si ce n'est celui qu'exige absolument la pêche, de peur de troubler, de fatiguer ou même de faire périr l'âme qui est en route pour l'Elysée.

D'autres placent leur paradis dans les cieux, au-dessus des nuages. Il est si facile à l'âme de voler aux astres que, dès le premier soir de son voyage, elle arrive à la lune, où elle danse et joue aux boules avec les autres âmes : car les aurores boréales ne sont, à l'imagination des Groënlandais, que la danse des âmes. Elles ont leurs tentes autour d'un grand lac, où foisonnent le poisson et les eiders. Quand ce lac déborde, la terre a des pluies, et, s'il rompait ses digues, elle éprouverait un déluge universel. On voit que tous les peuples ignorants et sauvages sont prêts à imaginer les mêmes rêveries sur la cause des grandes catastrophes du monde. Cependant on est porté à croire que ces fables ne sont qu'un reste défiguré de la religion juive, que la tradition a fait circuler et voyager jusqu'aux pôles.

Les partisans de l'Elysée souterrain disent que le paradis céleste est pour les paresseux et pour les sorciers, dont les âmes maigriront ou mourront de faim dans les espaces vides de l'air, ou qu'elles y seront perpétuellement infestées et harcelées par des corbeaux, ou qu'elles n'y auront ni paix ni trêve, emportées dans les cieux comme par les ailes d'un moulin. Les partisans du paradis prétendent qu'ils n'y manqueront jamais de nourriture, parce qu'on y mange des têtes de phoques, qui renaissent sans doute de la digestion, car elles ne se consument point. Les sages du Groënland se moquent des deux sectes et se contentent de dire qu'ils ne savent point quelle sera la nourriture ni l'occupation des âmes après cette vie, mais qu'elles habiteront certainement une demeure de paix. Ceux d'entre eux qui croient à un enfer le placent dans les régions obscures de la terre, où la lumière et la chaleur n'entrent jamais ; séjour livré aux remords et aux inquiétudes. Ceux-là, retenus par la crainte de ces peines, mènent une vie régulière et irréprochable.

Ce sont à peu près les idées de religion qu'on retrouve chez les peuples de l'Amérique et les Tartares de l'Asie. Mais voici quelque chose de plus bizarre encore. Le soleil et la lune étaient frère et sœur. Ils jouaient un jour avec d'autres enfants dans les ténèbres, lorsque Malina, ennuyée des poursuites de son frère Anninga, frotta ses mains à la suie des lampes et barbouilla le visage de celui qui la poursuivait, afin de le reconnaître au grand jour ; et de là viennent les taches de la lune. Malina voulut s'échapper ; mais son frère la poursuivit jusqu'à ce que, prenant son vol dans les cieux, elle y fut changée en soleil : et son frère restant en chemin fut la lune qui pour-

Histoire des Voyages.

suit encore le soleil et tourne autour de lui comme pour l'attraper. Lorsqu'il est harrassé de fatigue et de faim (c'est au dernier quartier), il met son équipage de chasse et de pêche sur un traîneau tiré par quatre grands chiens et reste quelques jours à se refaire et à s'engraisser, ce qui produit la pleine lune.

Cet astre se réjouit de la mort des femmes et le soleil de celle des hommes ; aussi les uns ferment leurs portes aux éclipses de soleil et les autres aux éclipses de lune, car Anninga rôde alors autour des maisons pour piller les viandes et les peaux et pour tuer ceux qui n'ont pas fidèlement observé l'abstinence ou la diète religieuse que les devins ont prescrite sans doute. Aussi cache-t-on alors ses provisions, et les hommes, portant leurs effets et leurs chaudières sur le toit de la maison, frappent dessus à coups redoublés, en parlant tous ensemble, pour effrayer la lune, et l'obliger de retourner à sa place. Aux éclipses du soleil, les femmes prennent les chiens par les oreilles : s'ils crient, c'est un signe certain que la fin du monde n'est pas encore prochaine, car les chiens, qui existaient avant les hommes, doivent avoir un plus sûr pressentiment de l'avenir, mais, s'ils ne criaient pas, malheur qu'on a soin de prévenir par le mal qu'on leur fait, tout serait perdu, l'univers croulerait, il n'y aurait plus de Groënlandais.

Lorsqu'il tonne, par hasard, ce sont deux vieilles femmes qui habitent une petite maison dans l'air et s'y battent pour une peau de phoque bien tendue. Dans la dispute, la maison s'écroule, les lampes sont brisées et le feu se disperse dans les airs. Telle est la cause du tonnerre et des éclairs.

CHANT DE MORT ET FUNÉRAILLES CHEZ LES GROENLANDAIS.

Voici une chanson funèbre rapportée par Dalager et prononcée par un père qui pleurait la mort de son fils.

« Malheur à moi, qui vois ta place accoutumée et qui la trouve vide ! elles sont donc perdues les peines de ta mère pour sécher tes vêtements ! Hélas ! ma joie est tombée en tristesse ; elle est tombée dans les cavernes des montagnes. Autrefois, lorsque je revenais le soir, je rentrais content, j'ouvrais mes faibles yeux pour te voir, j'attendais ton retour. Ah ! quand tu partais, tu voguais, tu ramais avec une vigueur qui défiait les jeunes et les vieux. Jamais tu ne revenais de la mer les mains vides et ton kaiak rapportait toujours sa charge d'eiders ou de phoques. Ta mère allumait le feu, pressait la chaudière et faisait bouillir la pêche de tes mains. Ta mère étalait ton butin à tous les conviés du voisinage et j'en prenais aussi ma portion. Tu voyais de loin le pavillon d'écarlate de la chaloupe, et tu criais de joie : voilà le marchand qui vient ! Tu sautais aussitôt à son bord et ta main s'emparait du gouvernail de sa chaloupe. Tu montrais ta pêche et ta mère en séparait la graisse. Tu recevais des chemises de lin et des lames de fer pour le prix du fruit de tes harpons et de tes flèches. Mais à présent, hélas ! tout est perdu. Ah ! quand je pense à toi, mes entrailles s'émeuvent au-dedans de moi. Oh ! si je pouvais pleurer comme les autres, du moins je soulagerais ma peine. Eh ! qu'ai-je à souhaiter désormais en ce monde ! La mort est ce qu'il y a de plus désirable pour moi. Mais, si je mourrais, qui prendrait soin de ma femme et de nos autres enfants ! Je vivrai donc encore un peu de temps, mais privé de tout ce qui réjouit et console l'homme sur la terre. »

Après l'enterrement, ceux qui ont accompagné le convoi retournent à la maison du deuil. Les hommes y sont assis dans un morne silence, les coudes appuyés sur leurs genoux et la tête dans leurs mains; les femmes, prosternées la face contre terre, pleurent et sanglotent à petit bruit. A chaque période ou strophe de la chanson funèbre, l'assemblée l'interrompt par des pleurs et des lamentations éclatantes qui redoublent à la fin de l'éloge. Le gémissement des femmes surtout est d'un ton vraiment lugubre et touchant. Une pleureuse mène ce concert funèbre, qu'elle entrecoupe de temps en temps par quelques mots échappés à la douleur, mais les hommes ne se font entendre que par des sanglots. Enfin le reste des provisions comestibles que le défunt a laissées est étalé sur le plancher et les gens du deuil s'en régalent. Ils répètent leurs visites de condoléance durant une semaine ou quinze jours, tant qu'il y a des vivres chez le mort.

Les lamentations se renouvellent, pour une demi-heure chaque jour, durant des semaines et quelquefois un an entier, selon l'âge qu'avait le défunt ou l'importance dont il était à sa famille. Quelquefois on va le pleurer sur sa tombe, et les femmes surtout aiment à lui réitérer ces tristes devoirs. Les hommes, moins sensibles, ne portent guère d'autres marques de deuil que les cicatrices des blessures qu'ils se font quelquefois dans les premiers transports de la douleur, comme une preuve d'une affliction profonde qui pénètre l'âme et le corps tout à la fois.

ASIE.

Avant de parler de l'Asie, nous devons citer trois hommes célèbres par leurs voyages dans cette partie du monde.

ALBUQUERQUE.

Alphonse d'Albuquerque, surnommé le *Mars Portugais*, naquit à Lisbonne, en 1542. Nommé vice-roi des Indes orientales par don Emmanuel de Portugal, il établit la domination de ce prince dans le pays où il avait été envoyé. Il conquit successivement Goa, Malaca, Aden, et se rendit maître d'Ormus dans le golfe Persique. Il mourut en 1515, accablé par l'injustice d'Emmanuel, qui, sous de faux rapports l'avait dépouillé d'une charge si glorieusement méritée.

VASCO DE GAMA.

Vasco de Gama, né en Portugal, a découvert le passage aux Indes-Orientales par le cap de Bonne-Espérance; c'est là surtout ce qui l'a immortalisé. Il partit en 1497 une première fois sans succès ; puis en 1502, après s'être vengé des insultes qu'il avait reçues des princes barbares; il revint en Portugal avec treize vaisseaux chargés de richesses. Enfin le roi Jean III l'ayant nommé vice-roi des Indes en 1524, il partit une troisième fois; mais à peine avait-il établi son siége à Cochin, qu'il mourut. Vasco de Gama méritait mieux que Ulysse d'être le héros d'un poème épique.

Albuquerque et Gama ont frayé la voie à de nombreux voyageurs. Un des plus célèbres et des premiers fut Tavernier.

TAVERNIER.

Jean-Baptiste Tavernier, était né, en 1605 ; à Paris, où son père natif d'Anvers, était venu s'établir pour y faire le commerce des cartes géographiques. Il parcourut comme joailler la plus grande partie du globe et amassa une fortune considérable. Ses voyages sont remplis de faits très curieux.

MARCHANDS DE DIAMANTS A GOLCONDE.

« La manière de traiter avec ces marchands mérite, remarque-t-il, une observation. Tout se passe dans le plus profond silence. Le vendeur et l'acheteur sont assis l'un devant l'autre comme deux tailleurs. L'un des deux ouvrant sa ceinture, le vendeur prend la main de l'acheteur et la couvre avec la sienne de cette ceinture, sous laquelle le marché se fait secrètement, quoiqu'en présence de plusieurs autres marchands qui peuvent être dans la même salle ; c'est-à-dire que les deux intéressés ne parlent point de la bouche ni des yeux, mais seulement de la main. Si le vendeur prend toute la main de l'acheteur, ce signe exprime mille ; autant de fois il la lui presse, ce sont autant de mille pagodes ou de mille roupies, suivant les espèces dont il est question. S'il ne prend que les cinq doigts, il n'exprime que cinq cents. Un doigt signifie cent. La moitié du doigt jusqu'à la jointure du milieu signifie cinquante et le petit bout du doigt jusqu'à la première jointure signifie dix. Il arrive souvent que, dans un même lieu et devant quantité de témoins, une même partie se vend sept à huit fois sans qu'aucun autre que les intéressés sache à quel prix elle est vendue. A l'égard du poids des pierres, on n'y peut-être trompé que dans les marchés clandestins. Lorsqu'elles s'achètent publiquement, c'est toujours aux yeux d'un officier du roi, qui, sans retirer aucun bénéfice des particuliers, est chargé de peser les diamants et tous les marchands doivent s'en rapporter à son témoignage. »

LES SINGES.

« Tavernier passa dans le bourg d'Oudecot, où l'on ne voit de toutes parts que des forêts de bambous d'une hauteur égale à nos plus hautes futaies. Il s'en trouve de si épaisses qu'elles sont inaccessibles aux hommes ; mais elles sont peuplées d'une prodigieuse quantité de singes. On avait raconté à Tavernier que les singes qui habitent du côté du chemin étaient si mortels ennemis de ceux qui habitent les forêts du côté opposé, que, si le hasard en fait passer un d'un côté à l'autre, il est étranglé sur-le-champ. Le gouverneur de Paliacate lui avait parlé du plaisir qu'il avait eu à les voir combattre et lui avait appris comment on se procure ce spectacle. Dans tout ce canton le chemin est fermé, de lieue en lieue, par des portes et des barricades où l'on fait une garde continuelle, avec la précaution de demander aux passants où ils vont et d'où ils viennent ; de sorte qu'un voyageur peut y marcher sans crainte et porter son or à la main. L'abondance n'y règne pas moins que la sûreté et l'on y trouve à chaque pas l'occasion d'acheter du riz. Ceux qui veulent être témoins d'un combat de singes font mettre dans le chemin cinq ou six corbeilles de riz, éloignées de quarante ou cinquante pas l'une de l'autre et près de chaque corbeille cinq ou six bâtons de deux pieds de long et de la grosseur d'un pouce. On se retire ensuite un peu plus loin. Bientôt on voit des singes descendre des deux côtés du sommet des bambous et sortir du bois pour s'approcher des corbeilles. Ils sont d'abord près d'une demi-heure à se montrer les dents ; tantôt ils avancent, tantôt ils reculent, comme s'ils appréhendaient d'en venir au choc. Enfin les femelles, qui sont plus hardies que les mâles, surtout celles qui ont les petits, qu'elles portent entre leurs bras comme une femme porte son enfant, s'approchent d'une proie qui les tente et mettent la tête dans les corbeilles. Alors les mâles du parti opposé fondent sur elles et les mordent sans ménagement. Ceux de l'autre côté s'avancent pour soutenir leurs femelles et la mêlée devenant furieuse, ils prennent les bâtons qu'ils trouvent près des corbeilles, avec lesquels ils commencent un rude combat. Les plus faibles sont obligés de céder ; ils se retirent dans les bois estropiés de quelque membre, ou la tête fendue, tandis que les vainqueurs, demeurant maîtres du champ de bataille, mangent avidement le riz.

Un anglais qui tua un singe faillit d'être étranglé par soixante de ces animaux qui descendirent des arbres et dont il ne fut délivré que par le secours d'un grand nombre de valets.

HINDOSTAN. — PALAIS IMPÉRIAL

Le palais impérial n'a pas moins d'une demi-lieue de circuit ; les murailles sont de belles pierres de taille, avec des créneaux et des tours ; les fossés sont pleins d'eau et revêtus de la même pierre ; le grand portail du palais n'a rien de magnifique, non plus que la première cour, où les seigneurs peuvent entrer sur leurs éléphants ; mais après cette cour on trouve une sorte de rue ou de grand passage dont les côtés sont bordés de beaux portiques, sous lesquels une partie de la garde à cheval se retire dans plusieurs petites chambres. Ils sont élevés d'environ deux pieds, et les chevaux qui sont attachés au-dehors, à des anneaux de fer, ont leurs mangeoires sur les bords. Dans quelques endroits on voit de grandes portes qui conduisent à divers appartements. Ce passage est divisé par un canal plein d'eau qui laisse un beau chemin des deux côtés et qui forme de petits bassins à égale distance ; il mène jusqu'à l'entrée d'une grande cour où les omhras font la garde en personne ; cette tour est environnée de logements assez bas et les chevaux sont attachés devant chaque porte. De la seconde on passe dans une troisième par un grand portail, à côté duquel on voit une petite salle élevée de deux ou trois pieds, où l'on prend les vestes dont l'empereur honore ses sujets et les étrangers. Un peu plus loin, sous le même portail, est le lieu où se tiennent les tambours, les trompettes et les hautbois, qui se font entendre quelques moments avant que l'empereur se montre en public et lorsqu'il est prêt à se retirer. Au fond de cette cour on découvre le divan ou salle d'audience qui est élevé de quatre pieds au-dessus du rez-de-chaussée et tout à fait ouvert de trois côtés ; trente-deux colonnes de marbre, d'environ quatre pieds en carré, avec leurs piédestaux et leurs moulures, soutiennent la voûte.

C'est au milieu de cette salle et près du bord qui regarde la cour, en forme de théâtre, qu'on dresse le trône où l'empereur donne audience et dispense la justice. C'est un petit lit, de la grandeur de nos lits de camp, avec ses quatre colonnes, un ciel, un dossier, un traversin et la courte-pointe. Toutes ces pièces sont couvertes de diamants; mais lorsque l'empereur s'y vient asseoir, on étend sur le lit une couverture de brocart d'or ou de quelque riche étoffe piquée. Il y monte par trois petites marches de deux pieds de long. A l'un des côtés on élève un parasol sur un bâton de la longueur d'une demi-pique et l'on attache à chaque colonne du lit une des armes de l'empereur, c'est-à-dire sa rondache, son sabre, son arc, son carquois et ses flèches.

Dans la cour au-dessus du trône on a ménagé une place de vingt pieds en carré, entourée de balustres qui sont couverts tantôt de lames d'argent, tantôt de lames d'or. Les quatre coins de ce parquet sont la place des secrétaires d'état, qui font aussi la fonction d'avocats dans les causes civiles et criminelles. Le tour de la balustrade est occupé par les seigneurs et par les musiciens : car, pendant le divan même, on ne cesse pas d'entendre une musique fort douce, dont le bruit n'est pas capable d'apporter de l'interruption aux affaires les plus sérieuses. L'empereur, assis sur son trône, a près de lui quelqu'un des premiers seigneurs, ou ses seuls enfants. Entre onze heures et midi, le premier ministre d'Etat vient lui faire l'exposition de tout ce qui s'est passé dans la chambre où il préside, qui est à l'entrée de la première cour, et, lorsque son rapport est fini, l'empereur se lève ; mais, pendant que ce monarque est sur le trône, il n'est permis à personne de sortir du palais. Tavernier fait valoir l'honneur qu'on lui fit de l'exempter de cette loi.

Vers le milieu de la cour on trouve un petit canal, large d'environ six pouces, où, pendant que le roi est sur son trône, tous ceux qui viennent à l'audience doivent s'arrêter. Il ne leur est pas permis d'avancer plus loin sans être appelés, et les ambassadeurs même ne sont pas exempts de cette loi. Lorsqu'un ambassadeur est venu jusqu'au canal, l'introducteur crie, vers le divan où l'empereur est assis, que le ministre de telle puissance souhaite de parler à sa majesté : alors un secrétaire d'Etat avertit l'empereur, qui feint souvent de ne pas l'entendre ; mais, quelques moments après, il lève les yeux, et, les jetant sur l'ambassadeur, il donne ordre au même secrétaire de lui faire signe qu'il peut approcher.

FANATISME DES PÈLERINS DE LA MECQUE.

Les pèlerins javans de l'ordre du peuple, surtout les fakirs, qui vont à la Mecque, s'arment ordinairement, à leur retour, de leur cric, espèce de poignard dont la moitié de la lame est empoisonnée et quelques-uns s'engagent par vœux à tuer tout ce qu'ils rencontreront d'infidèles, c'est-à-dire des gens opposés à la loi de Mahomet. Ces fanatiques exécutent leur résolution avec une rage incroyable, jusqu'à ce qu'ils soient tués eux-mêmes. Alors ils sont regardés comme saints par toute la populace, qui les enterre avec beaucoup de cérémonie et qui contribue volontairement à leur élever de magnifiques tombeaux. Quelque dervis se construit une hutte auprès du monument et se consacre pour toute sa vie à le tenir propre, avec le soin continuel d'y jeter des fleurs. Les ornements croissent avec les aumônes, parce que plus la sépulture est belle, plus la dévotion augmente avec l'opinion de sa sainteté.

Tavernier raconte une aventure du même genre qui fait frémir. « Je me souviens, dit-il, qu'en 1642, il arriva au port de Surate un vaisseau du Grand-Mogol, revenant de la Mecque, où il y avait quantité de ces fakirs : car tous les ans ce monarque envoie deux vaisseaux à la Mecque pour y porter gratuitement les pèlerins. Ces bâtiments sont chargés d'ailleurs de bonnes marchandises qui se vendent et dont le profit est pour eux. On ne rapporte que le principal, qui sert pour l'année suivante, et qui est au moins de six cent mille roupies. Un des fakirs qui revenaient alors ne fut pas plutôt descendu à terre qu'il donna des marques d'une furie diabolique. Après avoir fait sa prière, il prit son poignard et courut se jeter au milieu de plusieurs matelots hollandais qui faisaient décharger les marchandises de quatre vaisseaux qu'ils avaient au port. Cet enragé, sans leur laisser le temps de se reconnaître, en frappa dix-sept, dont treize moururent. Il était armé d'un cangiar, sorte de poignard dont la lame a trois doigts de large par le haut. Enfin le soldat hollandais qui était en sentinelle à l'entrée de la tente des marchands lui donna au milieu de l'estomac un coup de fusil dont il tomba mort. Aussitôt tous les autres fakirs qui se trouvaient dans le même lieu, prirent le corps et l'enterrèrent. Dans l'espace de quinze jours il eut une belle sépulture. Elle est renversée tous les ans par des matelots anglais et hollandais, pendant que leurs vaisseaux sont au port, parce qu'ils sont les plus forts ; mais à peine sont-ils partis que les mahométants la font rebâtir et qu'ils y plantent des enseignes. »

BERNIER.

En médecin célèbre, en philosophe distingué, en observateur également sensible et judicieux, qui voyagea dans le dessein de s'instruire et de se rendre utile à l'instruction d'autrui, Bernier nous a laissé des remarques estimées sur l'empire du Mogol.

Natif d'Angers, Bernier fut pendant douze ans médecin du Grand-Mogol. Il revint en France en 1670 et mourut à Paris en 1688. Nous lui empruntons seulement la description suivante.

CHASSE AU LION DANS L'HINDOSTAN.

De toutes les chasses, Bernier trouva celle du lion la plus curieuse et la plus noble. Elle est réservée à l'empereur et aux princes de son sang. Lorsque ce monarque est en campagne, si les gardes des chasses découvrent la retraite d'un lion, ils attachent dans le lieu voisin un âne, que le lion ne manque pas de venir dévorer; après quoi, sans chercher d'autre proie, il va boire et revient dormir dans son gîte ordinaire jusqu'au lendemain, qu'on lui fait trouver un autre âne attaché comme le jour précédent. On l'appâte ainsi pendant plusieurs jours. Enfin, lorsque l'empereur approche, on attache au même endroit un âne auquel on fait avaler quantité d'opium, afin que sa chair puisse assoupir le lion. Les gardes, avec tous les paysans des villages voisins, tendent de vastes filets qu'ils resserrent par degrés. L'empereur, monté sur un éléphant bardé de fer, accompagné du grand-maître, de quelques ombras montés aussi sur des éléphants, d'un grand nombre de gourzeberdars à cheval et de plusieurs gardes des chasses armés de demi-piques, s'approche du dehors des filets et tire le lion. Ce fier animal, qui se sent blessé, ne manque pas d'aller droit à l'éléphant ; mais il rencontre les filets qui l'arrêtent, et l'empereur le tire tant de fois qu'à la fin il le tue. Cependant Bernier en vit un qui sauta par-dessus les filets et qui se jeta vers un cavalier dont il tua le cheval. Les chasseurs n'eurent pas peu de peine à le faire rentrer dans les filets.

Cette chasse jeta toute l'armée dans un terrible embarras. Bernier raconte qu'on fut trois ou quatre jours à se dégager des tourments qui descendent des montagnes entre les bois et de grandes herbes, où les chameaux ne paraissaient presque point. « Heureux, dit-il, ceux qui avaient fait quelque provision, car tout était en désordre ! Les bazars n'avaient pu s'établir. Les villages étaient éloignés. Une raison singulière arrêtait l'armée : c'était la crainte que le lion ne fût échappé aux armes de l'empereur. Comme c'est un heureux augure qu'il tue un lion, c'en est un très mauvais qu'il le manque : on croirait l'État en danger. Aussi le succès de cette chasse est-il accompagné de plusieurs grandes cérémonies. On porte le lion mort devant l'empereur dans l'assemblée générale des ombras, on l'examine, on le mesure ;

on écrit dans les archives de l'empire que, tel jour, tel empereur tua un lion de tel grandeur et tel poil ; on n'oublie pas la mesure de ses dents et de ses griffes, ni les moindres circonstances d'un si grand événement. »

CHINE. — AUDIENCE IMPÉRIALE.

Du 13° siècle, époque ou écrivait Marco-Polo pour trouver quelque chose qui soit digne d'attention, il faut passer au commencement du 15° siècle, à l'ambassade qu'envoya Schah-Rokh, fils et successeur de Tamerlan, à l'empereur du Cathay.

La description de l'audience donnée aux ambassadeurs de Schah-Rokh mérite d'être rapportée. Parmi les différents spectacles de magnificence orientale, celui-ci présente des traits singuliers.

Aussitôt que le jour parut, les tambours, les trompettes, les flûtes, les hautbois et les cloches commencèrent à se faire entendre ; en même temps les trois portes s'ouvrirent et le peuple s'avança tumultueusement pour voir l'empereur. Les ambassadeurs étant passés de la première cour dans la seconde, aperçurent un kiosk, où l'on avait préparé une estrade triangulaire, haute de quatre coudées et couverte de satin jaune, avec des dorures et des peintures qui représentaient le simorg ou le phénix, que les Cathayens nomment *l'oiseau-royal*.

Sur l'estrade était un fauteuil au trône d'or massif. De chaque côté paraissaient des rangs d'officiers qui commandaient, les uns dix mille, d'autre mille et d'autres cent hommes. Ils avaient à la main chacun sa tablette, longue d'une coudée, sur un quart de largeur et ils tenaient les yeux fixés dessus, sans paraître occupés d'autre soin. Derrière eux était un nombre infini de gardes, tous dans un profond silence. Enfin l'empereur, sortant de son appartement, monta sur le trône par neuf degrés d'argent. Il était d'un taille moyenne, sa barbe était aussi d'une longueur médiocre, mais deux ou trois cents longs poils postiches descendaient du menton sur la poitrine. Des deux côtés du trône s'offraient deux jeunes filles, le visage et le cou découverts, les cheveux noués au sommet de la tête, avec de riches pendants de perles aux oreilles. Elles tenaient à la main une plume et du papier, pour écrire soigneusement tout ce qui sortait de la bouche de l'empereur. On accueille ainsi toutes ses paroles, et, lorsqu'il se retire, on lui présente le papier, afin qu'il voie lui-même s'il juge à propos de faire quelques changements à ses ordres; ensuite on les porte au divan qui est chargé de l'exécution.

Aussitôt que l'empereur fut assis, on vit s'avancer les sept ambassadeurs vis-à-vis son trône, et l'on vit approcher en même temps les criminels au nombre de sept cents. Quelques-uns étaient liés par le cou, d'autres avaient la tête et les mains passées dans une planche, et la même planche en tenait jusqu'à six dans cette posture. Chacun était gardé par son geôlier, qu'il le tenait par les cheveux. Le délit de chacun est écrit sur la planche qu'il porte autour de son cou avec sa chaîne.

Les deux côtés du trône étaient gardés par cent douze soldats, dont chacun portait une enseigne différente, assortie à la couleur de leur habillement; mais ils avaient tous la tête couverte d'un chapeau noir, garni de plumes jaunes. Près du trône étaient vingt-deux officiers qui tenaient à la main de riches écrans jaunes dont la forme représentait des soleils. Ils étaient suivis de dix autres qui portaient des cercles dorés de la même forme; et ceux-ci de six autres, qui portaient des cercles en forme de pleine lune. Après eux, on voyait seize gardes armés de demi-piques ou d'épieux et couverts de rubans de soie de diverses couleurs. Ensuite paraissaient trente-six autres gardes, chacun portant un étendard orné d'une figure de dragon ou de quelque autre monstre. Derrière tous ces rangs étaient une infinité de courtisans, tous richement vêtus de la même sorte de soie et de la même couleur, comme d'une même livrée, ce qui relevait beaucoup l'éclat du spectacle. Devant les degrés qui conduisent au trône, on avait placé des deux côtés six chevaux blancs, couverts de riches caparaçons, avec des brides parsemées de perles, de rubis et d'autres pierres précieuses.

MINUTIEUX CÉRÉMONIAL EN CHINE.

Il n'y a rien où les Chinois mettent plus de scrupule que dans les cérémonies dont ils usent; ils sont persuadés qu'une grande attention à remplir tous les devoirs de la vie civile sert beaucoup à corriger la rudesse naturelle, à donner de la douceur au caractère, à maintenir la paix, l'ordre et la subordination dans un Etat. Parmi les livres qui contiennent leurs règles de politesse, on en distingue un qui en compte plus de trois mille différentes. Tout y est prescrit avec beaucoup de détails. Les saluts ordinaires, les visites, les présents, les festins et toutes les bienséances publiques ou particulières, sont plutôt des lois que des usages introduits peu à peu par la coutume.

Le cérémonial est fixé pour les personnes de tous les rangs avec leurs égaux ou leurs supérieurs. Les grands savent quelles marques de respect ils doivent rendre à l'empereur et aux princes et comment ils doivent se conduire entre eux. Les artisans même, les paysans et la populace ont entre eux des règles qu'ils observent ; ils ne se rencontrent point sans se donner mutuellement quelques marques de politesse et de complaisance. Personne ne peut se dispenser de ces devoirs, ni rendre plus ou moins l'usage qu'on lui demande.

Le tribunal de Li-pou tient si rigoureusement à faire observer les lois de l'empire, qu'il ne veut pas même que les étrangers y manquent. Avant qu'un ambassadeur paraisse à la cour, l'usage veut qu'il soit instruit pendant quarante jours et soigneusement exercé aux cérémonies, à peu près comme un comédien récite son rôle avant de monter sur le théâtre.

La plupart de ces formalités se réduisent à la manière de s'incliner, de se mettre à genoux et de se prosterner une ou plusieurs fois, suivant l'occasion, le lieu, l'âge ou la qualité des personnes, surtout lorsqu'on rend des visites, qu'on fait des présents et qu'on traite ses amis.

La méthode ordinaire des salutations pour les hommes consiste à joindre les mains fermées devant la poitrine, en les remuant d'une manière affectueuse et de baisser un peu la tête en prononçant *tsin*, *tsin*, expression de politesse dont le sens n'est pas limité. Lorsqu'on rencontre une personne à qui l'on doit plus de déférence, on joint les mains, on les élève et on les abaisse jusqu'à terre, en inclinant profondément tout le corps. Si deux personnes de connaissance se rencontrent après une longue absence, toutes deux tombent à genoux et baissent la tête jusqu'à terre ; ensuite se relevant, elles recommencent deux ou trois fois la même cérémonie. Le mot de *fo*, qui signifie bonheur, se répète souvent dans les civilités chinoises.

Quand deux mandarins se rencontrent dans la rue, s'ils sont d'un rang égal, ils se saluent sans sortir de leur chaise et sans même se lever, en baissant d'abord leurs mains jointes et les relevant ensuite jusqu'à la tête, ce qu'ils répètent plusieurs fois, jusqu'à ce qu'ils se perdent de vue. Mais si l'un est d'un rang inférieur, il doit faire arrêter sa chaise, ou descendre s'il est à cheval et faire une profonde révérence. Les inférieurs évitent, autant qu'ils le peuvent, l'embarras de ces rencontres.

Rien n'est comparable à ce respect matériel et sensible que les enfants ont pour leur père et les écoliers pour leur maître : ils parlent peu et se tiennent toujours debout en leur présence. L'usage les oblige, surtout au commencement de l'année, au jour de leur naissance et dans d'autres occasions, de les saluer à genoux, en frappant plusieurs fois la terre du front.

Les règles de la civilité ne s'observent pas moins dans les villages que dans les villes; et les termes qu'on emploie, soit à la promenade et dans les conversations, soit pour les salutations de rencontre, sont toujours humbles et respectueux. Jamais ils n'emploient dans leurs discours la première ni la seconde personne, à moins qu'ils ne parlent familièrement et entre amis, ou à des personnes d'un rang inférieur. *Je* et *vous* passeraient pour une civilité grossière. Ainsi, au lieu de dire : « Je suis fort sensible au service que vous m'avez rendu, » ils diront : « Le service que le seigneur, ou le docteur, a rendu au moindre de ses serviteurs, ou de ses écoliers, l'a touché très sensiblement. » De même un fils qui parle à son père prendra la qualité de son petits-fils, quoiqu'il soit l'aîné de la famille et qu'il ait lui-même des enfants.

FUNÉRAILLES EN CHINE.

La piété filiale est le principal fondement du gouvernement chinois; elle en explique peut-être la durée monotone à travers les siècles. Les anciens sages de la nation se persuadèrent donc que rien n'était plus capable d'inspirer aux enfants le respect et la soumission qu'ils doivent à leurs parents pendant leur vie, que de voir rendre aux morts des témoignages continuels de la plus profonde vénération. C'est pour cette raison que les rituels prescrivent avec tant d'exactitude toutes les cérémonies qui regardent les morts, selon que l'usage en est établi dans la religion dominante, qui est celle des lettrés ou des sectateurs de Confucius. Les autres sectes font profession de les pratiquer aussi, mais avec un mélange de superstition différent.

Suivant le cérémonial, lorsqu'un homme approche de sa dernière heure, on le prend dans son lit, on le couche à terre, afin que sa vie finisse où elle a commencé. De même, on place un enfant à terre aussitôt qu'il est né, comme chez les Juifs et d'autres nations, pour faire connaître qu'il doit retourner dans le lieu d'où il est venu. Lorsque le malade est expiré, on lui met dans la bouche un petit bâton qui l'empêche de se fermer. Alors une personne de la famille monte au sommet de la maison, avec les habits du mort, qu'il étend en l'air, en appelant son âme par son nom et la conjurant de revenir ; ensuite il retourne auprès du cadavre et le couvre de ses habits. On le laisse trois jours dans cet état, pour attendre s'il donnera quelque marque de vie avant qu'on le mette au cercueil.

On pense aussi à faire une canne ou un bâton d'appui, qui porte le nom de *chung*, afin que l'âme ait quelque soutien qui puisse lui servir à se reposer. Ce bâton se suspend ensuite dans quelque temple des morts. On fait aussi cette sorte de tablettes que les missionnaires appellent *tablettes des morts*, et qui sont nommés par les Chinois *trônes*, *siéges de l'âme* : car ils supposent que les âmes de leurs amis morts y font leur séjour et qu'elles s'y nourrissent de la vapeur des aliments qu'on leur offre. En troisième lieu, on met dans la bouche du mort une pièce de monnaie d'or ou d'argent, du riz, du froment et quelques autres bagatelles, C'est dans cette vue qu'on la tient ouverte. Les personnes riches y mettent quelques perles. Toutes ces cérémonies sont prescrites dans le cérémonial et dans le livre nommé *Kay-yu*, qui est l'ouvrage de Confucius.

L'usage des Chinois, lorsque la maladie met un de leurs parents en danger, est d'appeler les bonzes pour employer le secours de leurs prières. Ces ministres viennent avec de petits bassins, des sonnettes et d'autres instruments, dont ils font assez de bruit pour hâter la mort du malade; mais ils prétendent, au contraire, que c'est un soulagement qu'ils lui procurent. Si la maladie augmente, ils assurent que l'âme est partie; et, vers le soir, trois ou quatre d'entre eux courent par la ville avec un grand bassin, un tambour et une trompette, dans l'espérance de la rappeler. Ils s'arrêtent un peu en traversant les rues; ils font retentir leurs instruments et continuent leur marche. Le voyageur Navarette fut témoin de cette pratique. Ils parcourent, dans la même vue, les champs voisins, en priant et sonnant de leurs instruments entre les buissons. S'ils trouvent quelque grosse mouche, ils s'efforcent de la prendre, et, retournant avec beaucoup de bruit et de joie au logis du malade, ils assurent que c'est son âme qu'ils rapportent. Navarette apprit qu'ils la lui mettent dans la bouche. Un autre voyageur, Duhalde, assure qu'on lave rarement les morts, mais que, après les avoir revêtus de leurs plus riches habits et couverts des marques de leur dignité, on les place dans le cercueil qu'ils ont fait faire pendant leur vie. Leur prévoyance va si loin sur cet article que, s'ils n'avaient que dix pistoles au monde, ils les emploieraient à se procurer un cercueil plus de vingt ans avant d'en avoir besoin. Ils le regardent comme le meuble le plus précieux de leur maison. On a vu des enfants se louer ou se vendre dans la seule vue d'amasser assez d'argent pour acheter un cercueil à leur père. Il s'en fait d'un bois assez recherché, qui valent quelquefois jusqu'à trois mille écus. On en trouve de toutes les grandeurs dans les boutiques. Les mandarins exercent souvent leur charité en distribuant des cercueils au peuple. Un chinois qui meurt sans ce meuble est brûlé comme un tartare; aussi célèbre-t-on par une fête l'heureux jour où l'on est parvenu à se procurer un cercueil. On l'expose à la vue pendant des années entières. On prend quelquefois plaisir à s'y placer.

HONNEURS RENDUS A L'AGRICULTURE EN CHINE.

Le jour marqué, l'empereur, en habit de cérémonie, se rend avec toute sa cour, au lieu assigné, pour offrir au Chang-ti le sacrifice du printemps et en obtenir l'abondance et la conservation des biens de la terre. Ce lieu est une petite élévation de terre à peu de distance du sud de la ville ; elle doit avoir cinquante pieds quatre pouces de hauteur. La place qui doit être labourée par les mains impériales est à côté de ce tertre.

Aussitôt que le sacrifice est offert, l'empereur descend avec trois princes et les neuf présidents qu'il a choisis ; plusieurs seigneurs portent les caisses où sont contenues les semences ; toute la cour garde un profond silence. Alors l'empereur prend la charrue et trace plusieurs sillons en allant et venant. Les trois princes et les présidents labourent successivement après l'empereur. Après ce travail, qui se recommence en plusieurs endroits du champ, l'empereur sème les différentes sortes de grains. Le lendemain, les quarante plus vieux laboureurs et les quarante plus jeunes achèvent ce qui reste à labourer dans le même champ. Cette cérémonie se termine par des présents que l'empereur leur distribue : ils consistent en quatre pièces de toile de coton de couleur qu'on donne à chacun d'eux pour se faire des habits.

Le gouverneur de Pékin va souvent visiter ce champ et le fait soigneusement cultiver. Il en examine tous les sillons pour découvrir s'il n'y croît pas quelque épi extraordinaire. Ce serait le plus favorable augure d'y trouver, par exemple, une tige qui portât treize épis ; le gouverneur se hâterait d'en avertir la cour. En automne, il fait recueillir les grains dans des sacs jaunes, pour les renfermer dans un magasin construit exprès et qui est distingué par le nom de Magasin Impérial. Ce grain se conserve pour les cérémonies les plus solennelles. L'empereur, dans les sacrifices qu'il fait au Tien et au Changti, en offre comme fruit du travail de ses mains et dans certains jours de l'année il présente la même offrande à ses ancêtres.

Sur le témoignage du gouverneur, sa majesté élève le laboureur sage et diligent au degré de mandarin de huitième ordre et lui envoie des patentes de mandarin honoraire, distinction qui le met en droit de porter l'habit de mandarin, de rendre visite au gouverneur de la ville, de s'asseoir en sa présence et de prendre du thé avec lui. Il est respecté pendant tout le reste de sa vie. Après sa mort, on lui fait des funérailles convenables à son rang et ses titres d'honneur sont inscrits dans la salle des ancêtres.

CULTE SINGULIER DES CHINOIS.

La sainteté consiste à cesser d'être et à se replonger dans le néant. Plus on approche de la nature d'une pierre ou d'un tronc d'arbre, plus on touche à la perfection. C'est dans l'indolence, dans l'inaction, dans la cessation de tous les désirs et dans la privation de tous les mouvements du corps, dans l'annihilation de toutes les facultés de l'âme et dans la suspension générale de la pensée que consiste la vertu et le bonheur. Lorsqu'on est une fois parvenu à cet heureux état, toutes les vicissitudes et les transfigurations étant finies, on n'a plus rien à redouter, parce que, à parler proprement, on n'est plus rien, et, pour renfermer toute la perfection de cet état dans un seul mot, on est parfaitement semblable au dieu Fo.

Les sectateurs de Fo sont persuadés qu'ils peuvent s'abandonner impunément aux actions les plus criminelles et qu'en brûlant un peu d'encens pendant la nuit, ou récitant quelques prières devant une statue, ils obtiennent le pardon de tous leurs crimes. Les dévots sont insensibles aux nécessités d'un père et d'une mère qui souffrent le froid et la faim : toute leur attention se borne à ramasser une somme d'argent pour orner l'autel de Fo, ou de quelque autre dieu qu'ils honorent d'un culte particulier.

Les bonzes ne laissent pas de maltraiter quelquefois leurs idoles. N'en obtiennent-ils rien après de longues prières, ils les chassent de leurs temples comme des divinités impuissantes, les accablent de reproches et leur donnent des noms outrageants auxquels ils joignent quelquefois des coups : « Comment, chien d'esprit, nous vous logeons dans un temple magnifique, nous vous revêtons d'une belle dorure, nous vous nourrissons bien, nous vous offrons de l'encens et tous nos soins ne font de vous qu'un ingrat, qui nous refuse ce que nous lui demandons ! » Là-dessus, ils lient la statue avec des cordes et la traînent dans les rues au travers des boues et des plus sales immondices, pour lui faire payer toute la dépense qu'ils ont faite en parfums. Si le hasard leur fait obtenir alors ce qu'ils demandaient, ils lavent le dieu avec beaucoup de cérémonie, ils le rapportent au temple, et, l'ayant replacé dans sa niche, ils tombent à genoux devant lui et s'épuisent en excuses sur la manière dont ils l'ont traité. « Au fond, lui disent-ils, nous nous sommes un peu trop hâtés; mais il est vrai que vous avez été un peu trop lent. Pourquoi vous êtes-vous attiré nos injures? Nous ne pouvons remédier au passé; n'en parlons plus. Si vous voulez l'oublier, nous allons vous revêtir d'une nouvelle dorure. »

RESPECT DES CHINOIS POUR L'EMPEREUR.

Le respect que les Chinois ont pour leur empereur répond à la grandeur de son autorité : c'est une espèce de divinité pour son peuple. On lui rend des honneurs qui approchent de l'adoration. Ses paroles sont autant d'oracles et ses moindres commandements sont exécutés comme s'ils venaient du ciel. Personne, sans excepter ses frères, ne peut lui parler qu'à genoux. On ne paraît point en cérémonie devant lui dans une autre posture, s'il n'en donne l'ordre exprès : il n'y a que les seigneurs de son cortége ordinaire qui aient la liberté de se tenir debout en sa présence ; mais ils sont obligés de fléchir le genou lorsqu'il leur parle. Ce respect s'étend à tous les officiers qui représentent l'empereur.

Les mandarins, les grands de la cour et les princes même du sang se prosternent non-seulement devant la personne de l'empereur, mais même devant son fauteuil, son trône et tout ce qui sert à son usage ; ils se mettent quelquefois à genoux devant son habit ou sa ceinture. S'il tombe dans quelque maladie dangereuse, l'alarme devient générale. Les mandarins s'assemblent dans une vaste cour du palais, et, sans faire attention à la rigueur de l'air, ils passent à genoux les jours et les nuits, occupés à faire éclater leur douleur et à demander au ciel le rétablissement de sa santé. Tout l'empire souffre dans sa personne, et sa perte est le seul malheur que ses sujets croient avoir à redouter.

C'est en conséquence de cette maxime qu'ils donnent à l'empereur les titres les plus pompeux ; ils l'appellent *Tien-tsé*, c'est-à-dire fils du ciel ; *Hoang-ti*, auguste et souverain empereur ; *Ching-hoang*, saint empereur ; *Chao-ting*, palais royal ; *Van-soui*, dix mille années. Mais l'empereur n'emploie jamais ces expressions lorsqu'il parle de lui-même ; il se sert du terme *ngo*, qui signifie *je* ou *moi* ; et lorsqu'il paraît en public, assis sur son trône, il emploie celui de *chin,* qui signifie salut, avec cette différence qu'il est le seul qui fasse usage de ce mot. Le langage du palais est fort pompeux, on ne dit jamais : *Sonnez de la trompette; battez du tambour,* etc., mais *Ta-hui,* c'est-à-dire : que le ciel lâche son tonnerre. Pour faire entendre que l'empereur est mort, ils disent : *Ping-tien,* qui signifie : Il est entré un nouvel hôte au ciel, ou *Pung,* c'est-à-dire une grande montagne est tombée. Au lieu de dire les portes du palais, ils disent *kin-muen,* les portes d'or; et de même à l'égard de tout le reste.

Un sujet, de quelque rang ou de quelque qualité qu'on le suppose, n'ose passer à cheval ou en chaise devant les portes du palais impérial; il doit mettre pied à terre lorsqu'il en approche et ne remonter qu'à la distance prescrite. Chaque cour du palais a son sentier pavé de larges pierres, qui ne sert de chemin qu'à l'empereur lorsqu'il y passe (1).

LA CANGUE.

Un châtiment déshonorant et douloureux, c'est le collier de bois ou le carcan que les Portugais appellent *cangue.* Il est composé de deux pièces de bois qui se joignent en forme de collier autour du cou. Un criminel qui a le cou passé dans cette machine ne peut voir ses pieds, ni porter sa main à sa bouche; de sorte qu'il a besoin du secours de quelqu'un pour lui donner à manger. Il porte jour

---

(1) Le temps a un peu modifié les Chinois; voici ce que disait un voyageur en 1852. « Au milieu des graves préoccupations que lui donne la présence des Anglais

et nuit cet incommode fardeau, qui est plus ou moins pesant suivant la nature du crime. Le poids commun du carcan, ou des cangues, est de soixante-six livres ; mais il s'en trouve qui pèsent jusqu'à deux cents, et qui font tant de mal aux criminels que, faute de nourriture et de sommeil, ils meurent quelquefois dans cette étrange situation. Il y a des cangues de quatre pieds carrés et de cinq à six pouces d'épaisseur.

Lorsqu'on a passé le cou du criminel dans ce pilori mobile, ce qui se fait devant les yeux du juge, on couvre les endroits par lesquels les deux pièces de bois se joignent de deux longues bandes de papier, larges de quatres doigts, sur lesquelles on applique un sceau, afin que la cangue ne puisse être ouverte. Sur ces deux papiers, on écrit en gros caractères la nature du crime et la durée du châtiment ; par exemple : « Ce criminel est un voleur, c'est un débauché, un séditieux, un homme qui trouble la paix des familles ; c'est un joueur. Il portera la cangue pendant trois mois dans un tel endroit. » Le lieu où ces condamnés sont exposés est ordinairement la porte d'un temple ou de la ville, où celle du tribunal même, où le coin de quelque rue, où la place publique. Lorsque le terme de la punition est expiré, les officiers du tribunal ramènent le criminel au mandarin, qui le délivre après une courte exhortation à mener une conduite plus réglée ; mais, en lui accordant la liberté de se retirer, il lui fait

---

dans ses Etats, l'empereur de Chine vient de rendre un décret qui prouve l'importance que, dans ce singulier pays, on attache aux questions d'étiquette. L'empereur possède à environ trois kilomètres de Pékin, un magnifique château de plaisance qui réalise à lui seul toutes les merveilles de l'Orient. Pour aller de la ville à ce château, on a pratiqué un chemin particulier appelé la *voie sacrée*, bordé à droite et à gauche par des rails en or, sur lesquels la voiture impériale, traînée par deux chevaux, glisse avec une grande rapidité. Les peines les plus sévères existent pour celui qui ose porter ses pas dans le sentier vénéré. Par une faveur toute spéciale, l'empereur vient, en vertu de l'édit en question, d'autoriser les princes de sa famille et ses ministres, lorsqu'ils se rendront auprès de sa personne à marcher dans la voie sacrée ; mais ils devront exécuter le trajet pieds nus, la tête découverte et à reculons.

donner vingt coups de pan-tsé, comme un préservatif contre l'oubli. Ordinairement toutes les punitions chinoises commencent et finissent par la bastonnade.

La cangue est l'odieux supplice qui a rendu martys plus d'un de nos généreux missionnaires.

LE GRAND-LAMA.

Sur une petite montagne appelée Mor-bouli, qui s'élève à pic à 135 mètres au-dessus de la rivière, on voit le temple et le couvent de Bouda-la, qui renferme le palais du grand-lama, chef suprême de la religion.

Le dalaï-lama est non-seulement regardé comme le vicaire de Dieu, le grand-pontife et le chef du clergé, mais les sectateurs du lamisme voient aussi en lui la divinité visible : c'est Fo incarné. Le titre de *dalaï-lama* signifie grand-prêtre, ou lama par excellence. Il prend celui de dalaï-lama, fortuné vicaire du grand Dieu saint, siégeant à sa droite (ouest), et réunissant à une seule doctrine tous les vrais croyants qui habitent sous le ciel. En sa qualité de Dieu, on l'appelle *père céleste*, et on lui attribue toutes les perfections de la divinité, surtout la science universelle et la connaissance des plus intimes secrets du cœur. S'il interroge ceux qui lui parlent, ce n'est pas, disent les habitants du Tibet, qu'il ait besoin d'instruction, car il connaît d'avance la réponse qu'on va lui faire. Comme ils croient que Fo vit en lui, ils sont persuadés qu'il est immortel ; que, lorsqu'il paraît mourir, il ne fait que changer d'habitation ; qu'il abandonne un corps décrépit pour renaître dans un autre corps remarquable par sa pureté et sa beauté et que le séjour fortuné où son âme doit désormais habiter est révélé par lui-même.

En effet, quand un dalaï-lama veut quitter ce monde, et on assure que cet événement arrive à l'époque, aux heures et suivant les circonstances qu'il a lui-même déterminées, il laisse un testament qui désigne son successeur ; il l'écrit lui-même et le dépose dans un lieu secret auprès de son trône, afin qu'il ne soit trouvé qu'après sa mort. Dans cet acte il indique toujours, d'après son inspiration, le rang, la famille, l'âge et les autres signes auxquels on pourra reconnaître son successeur, l'époque à laquelle on en devra faire la recherche, suivant que son âme a la volonté de paraître dans un nouveau corps après un temps plus ou moins long. Dès que le dalaï-lama a les yeux fermés, on cherche les tetament et quand on l'a découvert, le principal gardien du temple ou grand-vicaire en fait l'ouverture en présence des régénérés qui se trouvent sur ce lieu et des principaux membres du clergé.

Les lamas cherchent dans tout le royaume quelqu'un dont la figure ait de la ressemblance avec celle du mort et l'appellent à sa succession. Avant de l'introniser, on le soumet à une épreuve qui manifeste la transmigration de l'âme du lama décédé dans le corps de son successeur. Lorsque le grand-lama est dans une vieillesse avancée et qu'il se croit près de sa fin, il assemble son conseil pour déclarer qu'il doit passer dans le corps de tel enfant nouvellement né. Cet enfant est élevé avec beaucoup de soin jusqu'à l'âge de six à sept ans. Alors, par une espèce d'épreuve, on fait apporter devant lui quelques meubles du défunt qu'on mêle avec les siens, et, s'il est capable de les distinguer, c'est une preuve manifeste que Fo s'est incarné en lui.

Le corps d'un dalaï-lama privé de son âme est toujours brûlé et ses cendres sont réduites en petites boules de verre qui sont réputées choses saintes. Suivant d'autres relations, on embaume ses restes mortels et on les conserve dans une chasse.

Mgr Emmanuel VERROLE, évêque de Colomby, vicaire apostolique de Leao-Tong et de la Mantchourie.

Le temps a un peu modifié les Chinois. Nous emprunterons les détails suivants à Mgr Verrole, vénérable évêque, notre illustre compatriote, qui était naguère au milieu de nous et dont les correspondances forment un des plus précieux documents de l'histoire moderne des Chinois.

SCIENCES, INDUSTRIE ET MŒURS DES CHINOIS.

» Extérieurement, les Chinois sont tout au rebours de nous ; ni nos goûts, ni nos mœurs, ni nos usages, ni nos idées, ne ressemblent aux leurs. C'est en tout le contraste le plus extrême. L'excessif embonpoint est chez eux une beauté ; ils admirent et prisent surtout la rare élégance d'un abdomen proéminent ; des souliers fiers sont ceux dont la semelle a deux pouces d'épaisseur ; on garde le bonnet sur la tête, en signe de respect, devant le supérieur, qui reste tête nue en signe de supériorité ; la place d'honneur est à gauche ; les habits de deuil sont blancs ; la profession des armes est méprisée ; le plus beau cadeau qu'on puisse faire à un ami, c'est un cercueil. Cette opposition est surtout manifeste dans un langage. Un français, pour faire une période chinoise, n'a qu'à prendre le contre pied de sa manière de parler. Que la phrase soit longue ou courte, le Chinois commence par où nous devons naturellement finir et finit ordinairement par où nous commençons.

« Au fond, ces hommes, trop vantés par quelques prétendus savants d'Europe, ne sont que des enfants lâches et corrompus. Lorsqu'on les voit de près, leur civilisation, tant admirée par l'imbécile philosophe qui prétendait l'opposer à la civilisation chrétienne, fait pitié, même aux plus sots ennemis du christianisme. Leur culture est routinière et immensément inférieure à celle de l'Europe; leur industrie également. Les bons ouvriers ont été formés à Canton par les Européens; ils excellent surtout dans les colifichets et ouvrages de patience; hors de Canton, ils ne savent pas faire une serrure. C'est à Canton que s'achèvent et se perfectionnent, sous l'œil des Européens, les riens que nous achetons à grand prix. Leurs porcelaines et leurs soieries, à part la matière, sont loin d'égaler les produits de Sèvres, de Limoges et de Lyon. Eux-mêmes en jugent ainsi et ils achètent fort bien les ballots de soieries chinoises que leur expédie tous les ans la manufacture de Farges, en Savoie, qui n'égale certes pas les grandes fabriques lyonnaises. La littérature, la philosophie sont au même niveau que le reste. Les *ouen-tchang*, composition de rhétorique auxquelles s'exercent quinze ou vingt ans leurs lettrés, sont un amas informes de vaines pensées. Les auteurs s'occupent surtout de flatter l'oreille par un murmure de paroles vides. Dans les livres de philosophie, on trouve, sous les formes les plus vagues et les plus obscures, tantôt le panthéisme indien, tantôt l'athéisme absolu, tantôt l'idolâtrie vulgaire et souvent le tout à la fois; mais toujours le froid le plus glacial et l'ennui le plus pesant. Les médecins valent les rhéteurs, les philosophes et les poètes; ils n'ont point de traditions, point de doctrine, mais seulement des recettes, dont quelques-unes excellentes, qu'ils appliquent avec le pédantisme et la gravité de nos docteurs de comédie. Le chirurgien a des cataplasmes et quelques onguents; il ne connaît ni la saignée ni les sangsues et se contente, au besoin, de racler fortement la peau du malade avec une pièce de monnaie. Les fonctions publiques se donnent au concours, il est vrai; seulement il faut l'entendre : celui qui l'emporte n'est pas le plus savant, c'est le plus offrant. La justice se distribue comme les emplois. On juge tous les crimes, mais l'argent les efface tous. Si l'accusé se présente les mains vides, la torture l'oblige à se déclarer coupable. *Tu ne m'as pas soldé*, dit le mandarin, *tu n'as pas la parole*. Quelles peuvent-être les mœurs? Saint Paul les a décrites en peignant celles des sages du paganisme; c'est tout dire. Rien n'est plus fréquent que l'infanticide, si ce n'es l'avortement. L'usage d'exposer les enfants dans les rues et sur les chemins a prévalu à tel point que le gouvernement est obligé de le tolérer. Cependant Dieu a voulu laisser quelque témoignage que ces nations ne sont pas inguérissables.

« En Chine, comme dans tout l'Orient, au milieu de l'égoïsme et de la corruption, on trouve un reste de mœurs antiques et un reflet de la simplicité patriarcale. C'est surtout au fond des campagnes que cette simplicité se rencontre. »

LACHETÉ DES CHINOIS. — ARMÉE, MARINE.

Le négoce est la principale et presque l'unique aptitude de cette nation dégradée, l'orgueil est son caractère le plus marquant, mais un orgueil aussi lâche qu'imbécile et féroce. On l'a vu surabondamment dans la guerre des Anglais, qui, grâce à la poltronnerie des Chinois, ne fut, de l'aveu des Anglais eux-mêmes, qu'une pure comédie. Quand les Anglais, se trouvant en vue d'une jonque de guerre, lui lançaient une fusée, aussitôt matelots, soldats, mandarins, se jetaient à la mer pour gagner le bord à la nage.

A Macao, sous les yeux de plusieurs missionnaires, un bateau à vapeur descendit à terre une ou deux pièces de canon pour débusquer deux mille soldats chinois rangés en bataille et qui semblaient attendre de pied ferme. On tira un coup à boulet, qui coupa un Chinois par le milieu du corps. Ces braves n'y tinrent plus ; il fallait les voir s'enfuir à toutes jambes, et, pour courir plus vite, jetant là sabres et fusils, tous sans exception, même le grand mandarin, gouverneur de la province de Canton et plénipotentiaire. Les Anglais les poursuivirent, mais plus personne, sauf quelques canonniers que, pour renforcer leur courage, le grand mandarin avait fait lier prudemment à leurs pièces.

Ces pièces, dont les Chinois savent, dit-on, se servir depuis deux mille ans, sont dans un tel état, et ils s'en servent de telle sorte, qu'il leur faut une heure d'intervalle pour tirer un second coup du même canon, masse énorme qui recule à plus de vingt pas et tue souvent le canonnier. Quand ils auraient le courage et le patriotisme qu'ils n'ont pas, que pourraient-ils faire contre l'artillerie européenne? Mgr Verrolle, assure que mille ou cinq cents grenadiers français pourraient enlever l'empereur au fond de son immense palais de Pékin et lui faire traverser toute la Chine. Cependant la garde impériale se compose de quatre cent quatre-vingt mille hommes, toujours résidant à Pékin ; mais on sait depuis longtemps qu'ils ne résident que sur le papier. Sa Majesté Céleste est peut-être seule à l'ignorer. Ce pauvre homme est le premier prisonnier de l'empire. Suivant l'étiquette chinoise, il ne peut communiquer avec ses sujets que par ses grands mandarins et il est le misérable jouet de cette tourbe ignoble, cupide et corrompue au-delà de tout ce que l'on peut dire. En 1842, il croyait posséder un escadre de 25 jonques, armées en guerre, dans le grand golfe de Pékin ; c'est l'état ordinaire de la marine impériale dans ces parages. Il voulut opposer cette escadre aux Anglais et quelle ne fut pas son indignation lorsqu'il apprit qu'il n'y avait d'autre escadre à flot que la carcasse démâtée d'une jonque pourrie ! Les Chinois ne s'en croyaient pas moins invincibles, ne pouvant comprendre comment les barbares occidentaux osaient se *révolter* contre le *fils du ciel*. Un mandarin jurait à l'empereur, sur son honneur, qu'il lui enverrait dans une cage la tête du chef de l'expédition anglaise. Tao-Kang (c'est le fils du ciel) se fâcha fort contre ce mandarin ; il lui ordonna d'envoyer les barbares dans des cages de bois et en vie. Il voulait sans doute les hâcher vifs, par morceaux, dans ses moments de récréation. Ce fut ainsi qu'il dépeça un roi tartare amené à Pékin, en 1823, par une insigne perfidie. Lorsqu'il connut ses désastres, et il ne les connut pas tout entiers, son orgueil éprouva une humiliation dont il ne se relèvera jamais.

KALMOUKIE. — TENTES DES ÉLEUTHS & DES KALMOUKS.

« La charpente de ces tentes consiste, dit l'abbé Chappe, dans une claie d'osier, haute de sept pieds ou davantage. Chaque pièce tient à l'autre par des perches de saule de trente pouces d'épaisseur et se lève comme un filet ; de sorte qu'en les ouvrant elles forment un grillage d'une brasse de long sur 1 mètre 70 centimètres de large ; en les pliant, chaque perche aboutit directement sur l'autre. On pose cette claie autour de l'emplacement circulaire plus ou moins grand que doit occuper la cabane ; on réunit les pièces avec des cordes de crin ou des courroies de cuir ; on laisse une ouverture pour l'entrée et l'on y place une porte à un ou deux battants. Une longue corde entoure la tente, afin de l'affermir et de lui donner une forme bien ronde.

Le toit est formé par une espèce de couronne de bois composée de deux cercles. Ils sont soutenus à quelque distance l'un de l'autre sur trois longues perches de saule. Il part de la claie d'osier beaucoup de longues perches dont les bouts supérieurs entrent dans les cercles de la couronne, ce qui forme une espèce de dôme ; elles y sont affermies par des cordes. Cette charpente est ordinairement peinte en rouge. On couvre ce toit avec une grande pièce de feutre et on l'y attache par des cordes entrelacées. On laisse les côtés ouverts pendant l'été ; on les ferme avec du feutre ou des paillassons de roseau lorsqu'il fait froid et quelquefois avec l'une et l'autre de ces enveloppes, qu'on affermit également avec des cordes. Un rideau de feutre est suspendu devant la porte. On laisse au milieu du toit une ouverture pour servir de passage à la fumée, et pour préserver du vent et de la pluie l'intérieur de la tente on y met deux bâtons d'osier en croix pour y placer un morceau de feutre du côté du vent, ou pour boucher l'ouverture lorsqu'il n'y a plus de feu dans la cabane, afin d'y entretenir la chaleur. Il y a au-dessous de l'ouverture, au milieu de la tente, un grand trépied de fer, sous lequel on entretient toujours du feu allumé ou de la braise. C'est sur ce trépied qu'ils font cuire leurs aliments et qu'ils font leur eau-de-vie.

» La batterie de cuisine et autres ustensiles consistent dans des pièces de vaisselle de fer de différentes grandeurs, dans des gamelles et des gobelets de bois, des outres et autres vaisseaux de cuir et une théière contenant quatre pots. Les pauvres ont une théière de cuir ; celles des riches sont de bois, proprement travaillées et garnies de petites plaques et de cercles de cuivre ou d'argent. Le lit est à l'extrémité de la tente, en face de la porte. Ils ont de petits chalits en bois ; les oreillers et les coussins sont de feutre. Les mirzas et autres personnes de distinction se bâtissent des logements plus spacieux et plus commodes ; ils ont aussi pour l'été de grandes tentes de kitayka et pour l'hiver des cabanes de planches revêtues de feutre, qui peuvent être dressées ou abattues en moins d'une heure. »

LE KNOUT.

Dans son voyage en Sibérie, le même abbé Chappe rend ainsi compte du supplice du knout.

« Madame Lapouchin, accusée de s'être compromise dans une conspiration que tramait un ambassadeur étranger, fut condamnée à recevoir le knout. Jeune, aimable, adorée, elle passe tout à coup du sein des délices et des faveurs de la cour dans les mains des bourreaux. Au milieu d'une populace assemblée dans la place des exécutions, on lui arrache son voile, on la dépouille de ses habits jusqu'à mi-corps. Un de ses bourreaux la prend par les bras et l'enlève sur son dos, qu'il courbe pour exposer cette victime aux coups. Un autre s'arme d'un knout : c'est un fouet fait d'une longue et large courroie de cuir. Ce barbare lui enlève à chaque coup un morceau de chair, depuis le cou jusqu'à la ceinture. Toute sa peau n'est bientôt qu'une découpure de lambeaux sanglants et pendants sur son corps. Dans cet état, on lui arrache la langue et la coupable est envoyée en Sibérie.

» Ce n'est là que le supplice ordinaire du knout, qui ne déshonore point, parce qu'il tombe sur les premières têtes à la moindre intrigue de cour où le despote croit sa personne offensée.

» Le grand knout, réservé pour le supplice des véritables crimes qui attaquent la société, a des apprêts plus terribles encore. On enlève le crimimel en l'air par le moyen d'une poulie fixée à une potence ; ses deux pieds sont également liés ensemble et l'on passe entre les jambes du patient une poutre qui sert à lui disloquer tous les membres. On frémit de transcrire ces horreurs. »

SORTILÉGE CHEZ LES TARTARES.

« Dans une de nos courses, nous visitâmes un khan et nous le priâmes de nous faire voir ses sortiléges, ce qu'ils appellent *faire le kamlat*. Il se fit apporter son tambour magique, qui avait la forme d'un tamis, ou plutôt d'un tambour de basque ; il battait dessus avec une seule baguette. Le khan marmotait quelques mots tartares et tantôt grognait comme un ours ; il courait de côté et d'autres, puis s'asseyait, faisant d'horribles contorsions de corps, tournant les yeux, les fermant et gesticulant comme un insensé. Ce jeu ayant duré un quart-d'heure, un homme lui ôta le tambour et le sortilége finit. Nous demandâmes ce que cela signifiait. Il répondit que, pour consulter le diable, il fallait s'y prendre de cette manière ; que cependant tout ce qu'il avait fait n'était que pour satisfaire notre curiosité, et qu'il n'avait pas encore parlé au diable. Par d'autres questions nous apprîmes que les Tartares ont recours au khan lorsqu'ils ont perdu quelque chose, ou lorsqu'ils veulent avoir des nouvelles de leurs amis absent. Alors le khan se sert d'un paquet de quarante-cinq morceaux de bois gros comme des allumettes ; il en met cinq à part et joue avec les autres, les jetant à droite et à gauche avec beaucoup de grimaces et de contorsions ; puis il donne la réponse comme il peut.

KOEMPFER.

Engelbert Kœmpfer, né à Lemgo, en Westphalie, en 1651, médecin et naturaliste connu par ses voyages en Europe et en Asie, passa en 1690, sur une flotte hollandaise, en qualité de chirurgien ; il poussa ses courses jusqu'au royaume de Siam et au Japon. Il resta deux ans dans ces pays et mourut à Leyde, en 1716. Voici ce qu'il nous dit de l'état religieux des Japonais.

RELIGION. — FANATISME DES JAPONAIS.

« La liberté qui régnait dans cet empire avant la venue du christianisme, y avait introduit quantité de sectes étrangères, au préjudice de l'ancienne secte du pays. Quelques auteurs en comptent jusqu'à douze, dont les principes et les pratiques n'ont presque rien de commun. Les unes adorent le soleil et la lune, et d'autres offrent leurs encens à divers animaux. Les camis, premiers souverains du Japon, les Fos des Indes, tous ceux qui ont contribué à peupler et à policer ces îles, qui y ont porté des lois civiles, quelque science, quelque art et tous ceux qui y ont établi quelque nouveau culte, y ont des temples et des adorateurs.

» On accorde le titre de *camis* à tous les grands hommes qui se sont distingués pendant leur vie par leur sainteté, leurs miracles et par les avantages qu'ils ont procurés à la nation. Chacune de ces divinités a son paradis : les uns dans l'air, d'autres au fond de la mer, dans le soleil, dans la lune et dans tous les corps lumineux qui éclairent les cieux. Il n'y a point de ville où le nombre des temples et des chapelles ne soit presque égal à celui des maisons. Les empereurs et les princes se disputent la gloire d'en bâtir de magniques : aussi les richesses de quelques-uns de ces monuments ne surprennent-elles pas moins que leur nombre. Il n'est pas rare d'y voir quatre-vingts ou cent colonnes de cèdre d'une prodigieuse hauteur et des statues colossales de bronze ; on y en voyait même autrefois d'or et d'argent, avec une quantité de lampes et d'ornements d'un grand prix. Les statues sont ordinairement couronnées de rayons. Les temples se nomment *mias*, c'est-à-dire demeure des âmes immortelles. Kœmpfer en compte plus de vingt-sept mille.

» L'attrait le plus séduisant de la religion de Xaca, pour un peuple du caractère des Japonais, est l'immortalité qu'elle promet à la vertu dans une plus heureuse vie. De là ces scènes tragiques de tant de personnes de tout âge et de tout sexe qui courent à la mort de sang-froid et même avec joie, dans l'opinion que le sacrifice de leur vie est agréable à leurs dieux et qu'ils seront admis au bonheur sans aucune épreuve. Rien n'est plus commun que de voir, le long des côtes de la mer, des barques remplies de ces fanatiques qui se précipitent dans l'eau, chargés de pierres, ou qui, perçant leurs barques, se laissent insensiblement submerger en chantant les louanges du dieu Canon, dont ils placent le paradis au fond des flots. Une multitude infinie de spectateurs les suit des yeux, élève leur courage jusqu'au ciel et veut recevoir leur bénédiction avant qu'ils disparaissent.

» D'autres s'enferment et se font murer dans des cavernes, dont l'espace leur suffit à peine pour demeurer assis, où ils ne peuvent respirer que par un tuyau qu'on a soin de leur ménager. Là ils se laissent tranquillement mourir de faim, dans l'espérance que Xaca lui-même viendra recevoir leurs âmes. D'autres montent sur des pointes de rochers extrêmement élevés, au-dessous desquels il se trouve des mines de soufre dont il sort quelquefois des flammes et ne cessent point d'invoquer leurs dieux, en les priant d'accepter l'offre de leur vie, jusqu'à ce qu'ils voient la flamme qui commence à s'élever ; alors ils la prennent pour une marque que leur sacrifice est accepté, et, fermant les yeux, ils se jettent la tête la première au fond de l'abîme. D'autres se font écraser sous les roues des chariots sur lesquels on porte en procession leurs idoles et se laissent fouler aux pieds ou étouffer dans la presse de ceux qui visitent les temples.

» Tous les Japonais ne poussent pas si loin le fanatisme ; mais l'esprit de pénitence est assez commun dans la religion du Boudso. Un grand nombre de ces idolâtres commencent la journée, dans les plus rigoureux froids de l'hiver, en se faisant verser sur la tête et sur tout le corps jusqu'à deux cents cruches d'eau glacée, sans qu'on remarque en eux le moindre frémissement ; d'autres entreprennent de longs pèlerinages, marchant nu-pieds, par des chemins fort rudes, sur des pointes de cailloux, à travers les ronces et les épines, la tête découverte, bravant les ardeurs du soleil, la pluie, le froid, grimpant au sommet des rochers les plus escarpés, courant avec une vitesse inconcevable dans les lieux où les daims et les chamois passeraient avec moins de hardiesse et marquant à ceux qui les suivent le chemin tracé de leur sang. Quelques-uns font vœu d'invoquer leurs dieux des milliers de fois par jour, prosternés contre terre, frappant chaque fois le pavé de leur front, qui en demeure écorché. »

Ceux de nos lecteurs qui voudraient mieux connaître la férocité du fanatisme des Japonais n'ont qu'à parcourir l'histoire des vingt-six martyrs inscrits naguère au catalogue des saints, les annales de *la Sainte-Enfance*, ou celles de *la Propagation de la Foi*. Un traité solennel vient du reste de couronner nos victoires dans ce pays. Espérons que Dieu aura pitié de cette terre sanctifiée par les travaux de Xavier !

PHYSIONOMIE DE LA PERSE.

« L'Européen qui met pour la première fois le pied sur le sol de la Perse en reçoit tout d'abord une impression désagréable et pénible, dit Morier ; ses yeux accoutumés à cet air de propreté et de confortable qui se remarque jusque dans nos moindres bourgades, embrassent avec peine cet ensemble de misère et de malpropreté qui caractérise le commun de la nation persane. Ce ne sont plus ces belles maisons aux toits élevés, aux vitraux éclatants, ces larges rues qui décorent nos cités ; là ce ne sont que de misérables huttes basses, sans fenêtres, des ruelles encombrées d'immondices. Au lieu de nos éclatantes boutiques, on ne voit que de tristes échoppes au milieu desquelles est assis le marchand pêle-mêle avec ses marchandises ; et puis la foule qui circule entre ces huttes est si différente de ce que nous avons coutume de voir ! tous ces hommes se traînent si nonchalamment avec leurs vêtements flottants, leurs longues barbes et leur figures rébarbatives ! »

« Ce qui frappe l'étranger qui arrive en Perse, dit Drouville, c'est la dissemblance complète des villes de cette contrée avec celles de l'Europe. Il est impossible de rien voir de plus triste dans aucun pays du monde. Les maisons bâties en briques séchées, sont entourées de murs assez élevés pour en cacher entièrement la façade, qui est encore séparée de ce mur par une grande cour. On n'y voit d'autres ouvertures que de petites portes semblables à des guichets de prison ; de sorte que celui qui pénètre pour la première fois dans une ville persane ne sait trop où il se trouve, n'apercevant tout autour de lui que de hautes et tristes murailles. Il y a peu d'édifices publics, si ce n'est les bains et les bazars.

» Il ne faudrait pas cependant conclure de ces descriptions que la Perse manque de magnificence ; et si l'on ne trouve point dans la classe moyenne cette aisance de nos pays civilisés, l'aristocratie, comme dans toutes les nations de l'Orient, se distingue par un luxe prodigieux. »

RÉPAS EN PERSE.

Des Persans, qui sont très hospitaliers et qui surtout aiment l'ostentation, donnent souvent des repas et ils y déploient un luxe prodigieux. Leurs salles à manger, semblables aux divans, ont la forme d'un carré long et tout autour sont disposés des tapis de feutre de trois pieds de large environ, sur lesquels se placent les convives. Leur manière de s'asseoir prouve bien la force de l'habitude : car il serait impossible à un Européen de garder une demi-heure la position d'un Persan assis. Comme les Turcs, ils s'asseoient à terre, mais sur leurs talons, au lieu de croiser leurs jambes. La manière dont un Persan fait son entrée dans une société est fort curieuse. Quelque nombreuse qu'elle soit, il voit de suite la place qui lui revient; il laisse ses mules à la porte et gagne sa place sans regarder personne ni dire un seul mot. Arrivé sur un tapis, il joint les deux pieds en se redressant, croise sa robe, se laisse tomber à genoux et s'asseoit sur ses talons. C'est alors seulement qu'il lève les yeux et qu'il salue la société, en faisant à droite et à gauche de profondes inclinations de tête et prononçant gravement le *salem-alekoum*.

Quand les convives sont tous réunis, on étend devant eux de grandes nappes de toile peinte, puis les domestiques apportent des cruches et des aiguières et chacun reçoit de l'eau sur la main droite et l'essuie avec son mouchoir; après quoi on sert le dîner. Les Persans ne connaissent point l'usage des cuillers, des fourchettes ni des couteaux; ils mangent avec la main droite seulement et ils dépècent fort adroitement avec cette seule main toutes les viandes, qui d'ailleurs sont assez cuites pour céder à la moindre pression des doigts. Ils tiennent la main gauche enveloppée dans un pli de leur robe, par-dessous le bras droit et jamais on ne doit la laisser voir à table; s'en servir pour toucher quelque plat serait de la dernière grossièreté. Quand le maître de la maison veut faire une politesse, il détache un morceau de viande, le pétrit dans du riz et présente au convive priviligié cette boulette, fort peu appétissante pour un Européen. On ne connaît pas non plus en Perse l'usage des verres; les boissons sont servies dans de grands bocaux, auprès de chacun desquels on place une cuiller de bois fort mince, dont le manche a environ dix-huit pouces de longueur et qui sert à puiser et boire.

Le dîner dure rarement une heure. Lorsqu'il est fini, on enlève fort lestement les plateaux et les nappes, et les domestiques reviennent avec leurs aiguières pleines d'eau tiède. Chaque convive rince sa bouche, lave sa main droite et sa barbe et s'essuie avec son mouchoir, qui est presque toujours d'une saleté repoussante, car ils n'en changent, je crois, guère plus souvent que de chemise. On sert alors le café et les cailliaux ; mais tout cela sans que leur impertubable gravité se dérive un instant.

Les Persans aiment le café à la fureur ; le plus pauvre en prend deux ou trois fois par jour. Leur manière de le prendre diffère essentiellement de la nôtre : au lieu de moudre le café, ils le pilent ; ils le font cuire comme nous ; mais au lieu de le laisser reposer, ils agitent fortement la cafetière pour bien mêler le marc ; de sorte que quand on le verse, il ressemble à du chocolat très épais. Ils le prennent sans sucre, dans de petites tasses de Chine placées dans d'autres petites tasses en filigrane, qui suppléent aux soucoupes.

Le cailliau est peut-être pour les Persans une nécessité plus grande encore que le café. Le cailliau est une espèce de pipe montée sur une carafe et assez connue maintenant pour que nous nous dispensions d'en faire la description. C'est l'objet d'un grand luxe et d'une grande dépense. Son entretien exige le service d'un homme uniquement occupé à le porter, le nettoyer et le charger. Cet homme suit son maître à cheval quand il voyage, portant toutes les pièces, tout l'attirail de cette pipe dispendieuse, jusqu'à une grande bouteille d'eau pour en changer à chaque fois, et un réchaud où il entretient du feu. Quand son maître veut fumer, il lui présente un tuyau de cuir élastique long de quinze à vingt pieds et il le suit à cette distance, portant le cailliau allumé dans la main droite et conduisant son cheval de l'autre. Les riches ont des cailliaux d'or massif, enrichis de ciselures et quelquefois de pierreries ; la carafe est de cristal de roche, ciselée et dorée d'une manière admirable. Celui dont le roi se sert dans les jours d'apparat est tout couvert de perles, de brillants, de rubis et d'émeraudes. On assure qu'il vaut plus de deux millions de francs.

Les femmes fument le cailliau comme les hommes, et, quand elles se font la visite c'est, après le café, la première chose qu'elles s'empressent d'offrir.

JÉRUSALEM. — DESCRIPTION DES LIEUX SAINTS.

Nous nous contentons de donner la description de l'Eglise du Saint-Sépulcre, empruntée à Deshayes, ambassadeur de Louis XIII aux lieux saints. Nous aurions pu reproduire des pages plus récentes, mais, surtout depuis la guerre de Crimée, on a eu maintefois occasion de s'instruire à cet égard. De plus, les pèlerins qui depuis quelque temps se rendent chaque année à Jérusalem en caravane, écrivent leurs impressions pieuses et cela se retrouve dans une foule de livres et de journaux.

« L'église du Saint-Sépulcre comprend le Saint-Sépulcre, le mont Calvaire et plusieurs autres lieux saints. Elle est fort irrégulière, car on s'est assujetti aux lieux qu'on voulait enfermer dedans. L'on y entrait autrefois par trois portes ; mais aujourd'hui il n'y en a plus qu'une, dont les Turcs gardent soigneusement les clefs, de crainte que les pèlerins entrent sans payer les neuf sequins ou trente-six francs à quoi ils sont taxés ; j'entends ceux qui viennent de chrétienté, car pour les chrétiens sujets au grand-seigneur, ils n'en paient pas la moitié. Cette porte est toujours fermée, et il n'y a qu'une petite fenêtre traversée par un barreau de fer par où ceux du dehors donnent des vivres à ceux qui sont dedans.

« En entrant dans l'Eglise, on rencontre la pierre de l'*onction,* sur laquelle le corps de Notre-Seigneur fut oint de myrrhe et d'aloès avant que d'être mis dans le sépulcre. Quelques-uns disent qu'elle est du même rocher du mont Calvaire et les autres soutiennent qu'elle fut apportée dans ce lieu par Joseph et Nicodème, disciples secrets de Jésus-Christ, qui lui rendirent ce pieux office et qu'elle tire sur le vert. Quoiqu'il en soit, à cause de l'indiscrétion de quelques pèlerins qui la rompaient, on a été contraint de la couvrir de marbre blanc et de l'entourer d'un petit balustre de fer, de peur que l'on ne marche dessus. Elle a 2 mètres 60 centimètres de long et 1 mètre 95 centimètres de large et au-dessus il y a huit lampes qui brûlent continuellement.

» Le Saint-Sépulcre est à trente pas de cette pierre, justement au milieu du grand dôme dont j'ai parlé ; c'est comme un petit cabinet qui a été creusé et pratiqué dans une roche vive à la pointe du ciseau. La porte qui regarde l'orient n'a que 1 mètre 35 centimètres de haut et 80 centimètres de large ; de sorte qu'il faut se baisser grandement pour y entrer. Le dedans du Sépulcre est presque carré ; il a 1 mètre 95 centimètres de long et 1 mètre 90 centimètres de large et depuis le bas jusqu'à la voûte 2 mètres 70 centimètres. Il y a une table solide de la même pierre qui fut laissée en creusant le reste ; elle a 91 centimètres de haut et contient la moitié du Sépulcre, car elle a 1 mètre 95 centimètres de long et 1 mètre 67 centimètres de large. Ce fut sur cette table que le corps de Notre-Seigneur fut mis, ayant la tête vers l'occident et les pieds à l'orient ; mais à cause de la dévotion superstitieuse des Orientaux, qui croient qu'ayant laissé leurs cheveux sur cette pierre Dieu ne les abandonnerait jamais et aussi parce que les pèlerins en rompaient les morceaux, l'on a été contraint de la couvrir de marbre blanc, sur lequel on célèbre aujourd'hui la messe. Il y a continuellement quarante-quatre lampes qui brûlent en ce saint lieu, et afin d'en faire exhaler la fumée, l'on a fait trois trous à la voûte. Le dehors du Sépulcre est aussi revêtu de marbre et de plusieurs colonnes, avec un dôme au-dessus.

» A l'entrée de la porte du Sépulcre, il y a une pierre de 50 centimètres carrés et relevée d'une de 33 centimètres qui est du même roc, laquelle servait pour appuyer la grosse pierre qui bouchait la porte du Sépulcre. C'était sur cette pierre qu'était l'ange lorsqu'il parla à Marie ; et tant à cause de ce mystère que pour ne pas entrer d'abord dans le Saint-Sépulcre, les premiers chrétiens firent une petite chapelle au-devant, qui est appelée la chapelle de l'ange.

» A douze pas du Saint-Sépulcre, en tirant vers le septentrion, l'on rencontre une grande pierre de marbre gris, qui peut avoir 1 mètre 33 centimètres de diamètre, que l'on a mise là pour marquer le lieu où Notre-Seigneur se fit voir à Madeleine en forme de jardinier.

» Plus avant est la chapelle de l'Apparition, où l'on tient par tradition que Notre-Seigneur apparut premièrement à la Vierge après sa résurrection. C'est le lieu où les religieux cordeliers font leurs offices et où ils se retirent : car de là ils entrent dans des chambres qui n'ont d'autre issue que par cette chapelle.

» Continuant à faire le tour de l'église, l'on trouve une petite chapelle voûtée, qui a 2 mètres 33 centimètres de long et 2 mètres de large, que l'on appelle autrement la prison de Notre-Seigneur, parce qu'il fut mis dans ce lieu en attendant que l'on eût fait le trou pour planter la croix. Cette chapelle est à l'opposite du mont Calvaire ; de sorte que ces deux lieux sont comme la croisée de l'église, car le mont est au midi et la chapelle au septentrion.

» Assez proche de là est une autre chapelle, de cinq pas de long et de trois de large, qui est au même lieu où Notre-Seigneur fut dépouillé par les soldats avant d'être attaché à la croix, et où ses vêtements furent joués et partagés.

» En sortant de cette chapelle on rencontre, à main gauche, un grand escalier qui perce la muraille de l'Eglise pour descendre dans une espèce de cave qui est creusée dans le roc. Après avoir descendu trente marches, il y a une chapelle, à main gauche, que l'on appelle vulgairement la chapelle Sainte-Hélène, à cause qu'elle était là en prière pendant qu'elle faisait chercher la sainte croix. On descend encore onze marches jusqu'à l'endroit où elle fut trouvée avec les clous, la couronne d'épine et le fer de la lance, qui avaient été cachés en ce lieu plus de trois cents ans.

» Proche du haut de ce degré, en tirant vers le mont Calvaire, est une chapelle qui a quatre pas de long et deux et demi de large, sous l'autel de laquelle on voit une colonne de marbre gris, marqueté de taches noires, qui a 67 centimètres de haut et 33 de diamètre ; elle est appelée la colonne d'*Impropre,* parce qu'on y fit asseoir Notre-Seigneur pour le couronner d'épines.

» L'on rencontre à dix pas de cette chapelle un petit degré fort étroit, dont les marches sont de bois au commencement et de pierre à la fin ; il y en a vingt en tout, par lesquelles on va sur le mont Calvaire. Ce lieu qui était autrefois si ignominieux, ayant été sanctifié par le sang de Notre-Seigneur, les premiers chrétiens en eurent un soin particulier ; et, après avoir ôté toutes les immondices et les terres qui étaient dessus, ils l'enfermèrent de murailles, de sorte que c'est à présent comme une chapelle haute qui est enclos dans cette grande église ; elle est revêtue de marbre par dedans et séparée en deux par une arcade. Ce qui est vers le septentrion est l'endroit où Notre-Seigneur fut attaché à la croix. Il y a toujours trente-deux lampes ardentes qui sont entretenues par des cordeliers, qui célèbrent aussi la messe en ce saint lieu.

» En l'autre partie, qui est au midi, fut plantée la sainte croix. On voit encore le trou qui est creusé dans le roc, environ un pied et demi, outre la terre qui était dessus. Le lieu où étaient les croix des deux larrons est proche de là. Celle du bon larron est au septentrion. et l'autre au midi ; de manière que le premier était à la main droite de Notre-Seigneur, qui avait la face tournée vers l'occident et le dos du côté de Jérusalem, qui était à l'orient. Il y a continuellement cinquante lampes ardentes pour honorer ce saint lieu.

Histoire des Voyages. 8

» Au-dessous de cette chapelle sont les sépultures de Godefroi de Bouillon et de Baudoin, son frère.

» Le mont du Calvaire est la dernière station de l'église du Saint-Sépulcre, car, à vingt pas de là, l'on rencontre la pierre de *l'onction*, qui est justement à l'entrée de l'église. »

LA JUDÉE.

« Quand on voyage dans la Judée, a dit Chateaubriand, d'abord un grand ennui saisit le cœur ; mais lorsque, passant de solitude en solitude, l'espace s'étend sans bornes devant vous, peu à peu l'ennui se dissipe, on éprouve une terreur secrète qui, loin d'abaisser l'âme, donne courage et élève le génie.

« Des aspects extraordinaires décèlent de toutes parts une terre travaillée par les miracles : le soleil brûlant, l'aigle impétueux, le figuier stérile, toute la poésie, tous les tableaux de l'Ecriture sont là.

» Chaque nom renferme un mystère, chaque goutte déclare l'avenir, chaque sommet retentit des accents d'un prophète.

» Dieu même a parlé sur ces bords ; les torrents desséchés, les rochers fendus, les tombeaux entr'ouverts attestent le prodige ; le désert paraît encore muet de terreur et l'on dirait qu'il n'a osé rompre le silence depuis qu'il a entendu la voix de l'Eternel. »

AFRIQUE.

PREMIÈRES EXPÉDITIONS.

L'Afrique est une région immense, située en grande partie entre les tropiques. Baignée de tous côtés par la mer, elle tient au continent de l'Asie par une langue de terre de vingt lieues, nommée l'isthme de Suez. L'intérieur du pays est peu connu ; il a toujours été difficile d'y pénétrer. Les sables brûlants, les déserts arides, des peuplades sauvages et inhospitalières, des chaînes de rochers qui traversent les fleuves et rendent la navigation impraticable, les influences du climat, tous les obstacles réunis ont longtemps découragé la curiosité et même l'avidité du voyageur et du commerçant. Ce n'est que depuis la fin du siècle dernier qu'il s'est rencontré des hommes assez intrépides pour affronter tous ces dangers et dérober au prix de leur vie les secrets des déserts africains. Mais les côtes ont été fréquentées de tous les temps, surtout la côte orientale qui regarde l'Inde et qui est voisine de la mer Rouge, de ce golfe qui, par sa situation, semble fait pour rapprocher l'Afrique et l'Asie, et qui a dû toujours être le centre d'un grand commerce.

C'est de la mer Rouge que partirent, sous le règne de Nécao, les navigateurs phéniciens qui, au rapport d'Hérodote, firent en trois ans le tour de l'Afrique, et, après avoir parcouru l'Océan, revinrent en Egypte par le détroit de Gibraltar et la Méditerranée. Hannon et Halmicon firent aussi le même circuit depuis Gadès jusqu'au golfe d'Arabie. Mais cette route, devenue depuis si facile et si commune pour les Européens, était alors un effort rare et pénible pour les peuples qui ne pouvaient que suivre les côtes. Toute la partie occidentale d'Afrique, depuis Gibraltar jusqu'au cap de Bonne-Espérance, n'a été bien connu que depuis que les Portugais eurent doublé ce cap en allant aux Indes par mer.

Cependant plusieurs voyageurs, entre autres Vilhaut de Bellefond et Labat, prouvent, par les monuments qui subsistent encore en Afrique, que, dès le milieu du quatorzième siècle, c'est-à-dire plus de cent ans avant les premières découvertes des Portugais, des marchands français de Dieppe, en suivant les côtes depuis Gibraltar, allèrent en Sénégal et jusqu'en Guinée, et formèrent des établissements sur la côte de la Malaguette, d'où ils rapportaient du poivre et de l'ivoire. On donne pour preuves de ces voyages les noms français qui se sont conservés dans ces contrées, où des baies s'appellent encore Baies de France, où deux cantons sont encore nommés, l'un le Petit-Dieppe, l'autre le Petit-Paris. On ajoute que les tambours nègres battent encore une marche française. On avance enfin que le célèbre château de la Mina ne fut bâti par les Portugais que sur les ruines d'un ancien établissement français qui avait été abandonné pendant les guerres civiles, ainsi que d'autres possessions à Comentin et à Commendo.

ANDRÉ BRUE.

Brue était directeur général de la Compagnie française d'Afrique, vers la fin du dix-septième siècle et au commencement du dix-huitième. Ses voyages qui ont été fréquents, eurent tous pour objet le bien du commerce et l'intérêt de sa patrie. Nous n'en donnons que quelques extraits.

ROIS DE LOANGO. — USAGE DES NÈGRES.

« Loango était autrefois soumis au roi de Congo ; mais un gouverneur du pays s'étant fait proclamer roi, envahit une si grande partie des états de son souverain, que le royaume de Loango est aujourd'hui fort étendu et tout à fait indépendant ; mais il est toujours regardé comme faisant partie du pays de Congo.

» Les rois de Loango sont respectés comme des dieux et portent le titre de *samba* et de *pango*, qui signifie, dans le langage du pays, dieu ou divinité. Les sujets sont persuadés que leur prince a le pouvoir de faire tomber la pluie du ciel. Ils s'assemblent au mois de décembre pour l'avertir que c'est le temps où les terres en ont besoin ; ils le supplient de ne pas différer cette faveur et chacun lui apporte un présent dans cette vue. Le monarque indique un jour auquel tous ses nobles doivent se présenter devant lui armés comme en guerre, avec tous leurs gens. Ils commencent les cérémonies de cette fête par des exercices militaires et rendent à genoux leurs hommages au roi, qui les remercie de leur soumission et de leur fidélité. Ensuite on étend à terre un tapis d'environ 27 mètres de circuit, sur lequel est placé le trône où il est assis. Alors il commande à ses officiers de faire entendre leurs tambours et leurs trompettes. Les tambours sont si gros qu'un homme seul ne suffit pas pour les porter ; les trompettes sont des dents d'éléphant d'une grandeur extraordinaire, creusées et polies avec beaucoup d'art. Le bruit de cette musique est effroyable. Après ce concert barbare, le roi se lève et lance une flèche vers le ciel. S'il pleut le même jour, les réjouissances sont poussées jusqu'à l'extravagance.

» Une loi défend, sous peine de mort, de regarder boire ou manger le roi. On rapporte un exemple de l'atrocité du traitement que l'on fait éprouver aux malheureux qui par hasard enfreignent cet usage. Un fils du roi, âgé de onze à douze ans, étant entré dans la salle tandis que son père buvait, fut saisi par ordre de ce prince, revêtu sur-le-champ d'un habit fort riche et traité avec toutes sortes de liqueurs et d'aliments. Mais aussitôt qu'il eut achevé ce funeste repas, il fut coupé en quatre quartiers qui furent portés dans toutes les villes, avec une proclamation qui apprenait au public la cause de son supplice. Ce trait exécrable est confirmé par une barbarie de la même nature que rapporte un témoin. Un autre fils du roi, mais plus jeune, ayant couru vers son père pour l'embrasser dans les mêmes circonstances, le grand-prêtre demanda qu'il fût puni de mort. Le roi y consentit, et sur-le-champ ce malheureux enfant eut la tête fendue d'un coup de hache. Le grand-prêtre recueillit quelques gouttes de son sang dont il frotta le bras du roi, pour détourner les malheurs d'un tel présage. Cette loi s'étend jusqu'aux bêtes. Les Portugais de Loango avaient fait présent au roi d'un fort beau chien d'Europe, qui, n'étant pas bien gardé, entra dans la salle du festin pour caresser son maître ; il fut massacré sur-le-champ.

» Cet usage vient d'une opinion superstitieuse et généralement établie dans la nation, que le roi mourrait subitement si quelqu'un l'avait vu boire ou manger. On croit détourner le malheur dont il est menacé en faisant mourir le coupable à sa place. Quoiqu'il mange toujours seul, il lui arrive quelquefois de boire en compagnie ; mais ceux qui lui présentent la coupe tournent aussitôt le visage contre terre, jusqu'à ce qu'il ait cessé de boire. Si ses courtisans boivent dans la même salle, ils sont obligés de tourner le dos pendant qu'ils ont le verre à la bouche. Il n'est permis à personne de boire dans le verre dont le roi s'est servi, ni de toucher aux aliments dont il a goûté. Tout ce qui sort de sa table doit être enterré sur-le-champ.

» Il y a des crieurs publics dont l'office est de proclamer les ordres du roi dans la ville et de publier ce qu'on a perdu ou trouvé. Battel parle d'une sonnette du roi qui ressemble à celles des vaches de l'Europe et dont le son est si redoutable aux voleurs qu'ils n'osent garder un moment leurs vols après l'avoir entendue. Ce voyageur, étant logé dans une petite maison à la mode du pays, avait suspendu son fusil au mur. Il lui fut enlevé dans son absence. Sur ses plaintes, le roi fit sonner la cloche et dès le matin du jour suivant le fusil se trouva à la porte de Battel.

» Vis-à-vis du trône du roi sont assis quelques nains, le dos tourné vers lui. Ils ont la tête d'une prodigieuse grosseur, et, pour se rendre encore plus difformes, ils sont enveloppés dans une peau de quelque bête féroce.

MŒURS ET USAGES DES IOLOFS.

« Les Iolofs habitent le long de l'Océan, entre le fleuve du Sénégal et la Gambie.

» Une des principales qualités qui se font remarquer chez ces peuples et qui paraît leur être commune avec tous les nègres de la côte, c'est le penchant au vol ; mais ils ont une adresse à voler qui leur est particulière.

» Ce n'est pas sur les mains d'un voleur qu'il faut avoir les yeux ouverts, c'est sur ses pieds. Comme la plupart des nègres marchent pieds nus, ils acquièrent autant d'adresse dans cette partie que nous en avons aux mains ; ils ramassent une épingle à terre. S'ils voient un morceau de fer, un couteau, des ciseaux et tout autre chose, ils s'en approchent, ils tournent les dos à la proie qu'ils ont en vue, ils vous regardent en tenant les mains ouvertes. Pendant ce temps ils saisissent l'instrument avec le gros orteil et pliant le genoux, ils lèvent le pied par derrière jusqu'à leurs pagnes, qui servent à cacher le vol ; la main achève de le mettre en sûreté.

» Ils n'ont pas plus de probité à l'égard de leurs compatriotes de l'intérieur des terres, qu'ils appellent montagnards. Lorsqu'ils les voient arriver pour le commerce, sous prétexte de servir à transporter leurs marchandises ou de leur rendre l'office d'interprètes, ils leurs dérobent une partie de ce qu'ils ont apporté.

» Leur avidité barbare va bien plus loin, car il s'en trouvent qui vendent leurs enfants, leurs parents et leurs voisins. Pour cette perfidie, on s'adresse à ceux qui ne peuvent se faire entendre des Français. Ils les conduisent au comptoir pour y porter quelque chose, et, feignant que ce sont des esclaves achetés, ils les vendent, sans que ces malheureuses victimes puissent s'en défier, jusqu'au moment qu'on les enferme ou qu'on les charge de chaînes.

» Un vieux nègre ayant résolu de vendre son fils, le conduisit au comptoir ; mais le fils, qui se défia de ce dessein, se hâta de tirer un facteur à l'écart et de vendre lui-même son père. Lorsque ce vieillard se vit environné de marchands prêts à l'enchaîner, il s'écria qu'il était le père de celui qui l'avait vendu. Le fils protesta le contraire, et le marché demeura conclu ; mais celui-ci, retournant en triomphe, rencontra le chef du canton, qui le dépouilla de ses richesses mal acquises et vint le vendre au marché.

» Quantité de petits nègres des deux sexes sont enlevés tous les jours par leurs voisins, lorsqu'ils s'écartent dans les bois, sur les chemins ou dans les plantations, pour chasser les oiseaux qui viennent manger le millet et les autres grains. Dans les temps de famine, un grand nombre de nègres se vendent eux-mêmes pour s'assurer du moins la vie. »

Hélas ! jusques à quand durera cet odieux trafic ! Combien de temps encore sera étouffée la voix de la religion, seront foulés aux pieds les sentiments les plus sacrés de la nature et de l'humanité ! Mais lisez encore :

ENLÈVEMENT DES ESCLAVES CHEZ LES MANDINGUES.

Les Mandingues occupent les deux bords de la Gambie. On compte leurs richesses par le nombre de leurs esclaves. Pour en fournir aux Européens, leur méthode est d'envoyer une troupe de gardes autour de quelque village, avec ordre d'enlever le nombre des habitants dont il a besoin. On lie les mains derrière le dos à ces misérables victimes pour les conduire droit aux vaisseaux, et, lorsqu'ils y ont reçu la marque du bâtiment, ils disparaissent pour jamais. On transporte ordinairement les enfants dans des sacs et l'on met un bâillon aux hommes et aux femmes, de peur qu'en traversant les villages ils n'y répandent l'alarme par leurs cris. Ce n'est pas dans les lieux voisins des comptoirs qu'on exerce ces violences, l'intérêt des princes n'est pas de les ruiner; mais les villes intérieures du pays sont traitées sans ménagement. Il arrive quelquefois que les prisonniers s'échappent des mains de leurs gardes, et que, rassemblant les habitants par leurs cris, ils poursuivent ensemble les ministres du roi. S'ils peuvent les arrêter, leur vengeance est de les conduire à la ville royale. Le roi ne manque jamais de désavouer leur commission; mais, pour ne rien perdre de ses espérances et sous prétexte de justice, il vend sur-le-champ les coupables pour l'esclavage; et si les habitants arrêtés paraissent devant le roi pour rendre témoignage contre leurs ravisseurs, ils sont aussi vendus, comme si le malheur qu'ils ont souffert devenait un droit sur leur liberté.

CHASSE CHEZ LES NÈGRES.

Les nègres de la Gambie, du Sénégal et du cap Vert sont excellents tireurs, quoique la plupart n'aient pas d'autres armes que leurs dards et leurs flèches, qui leur servent à tuer des cerfs, des pintades, des perdrix et d'autres sortes d'animaux. Ceux qui habitent plus loin dans les terres ont beaucoup moins d'habileté pour cet exercice et n'y prennent pas tant de plaisir. Un facteur français de l'île Saint-Louis au Sénégal eut un jour la curiosité d'aller avec eux à la chasse de l'éléphant. Ils en trouvèrent un, qui fut percé de plus de deux cents coups de balle ou de flèches. Il ne laissa pas de s'échapper, mais le jour suivant il fut trouvé mort à cent pas du même lieu où il avait été tiré. Les nègres du Sénégal se joignent pour la chasse au nombre de soixante, armés chacun de six petites flèches et d'une grande. Lorsqu'ils ont découvert la trace d'un éléphant, ils s'arrêtent pour l'attendre, et le bruit qu'il fait en brisant les branches ne tarde pas à le trahir. Alors ils se mettent à le suivre, en lui décochant continuellement des flèches, jusqu'à ce que la perte de son sang leur fasse juger qu'il est fort affaibli. Ils s'en aperçoivent aussi à la faiblesse de ses efforts contre les obstacles qu'il trouve à sa fuite. Quelquefois l'animal s'échappe malgré toutes ses blessures, mais c'est ordinairement pour mourir quelques jours après dans le lieu où ses forces l'abandonnent. C'est à ces accidents qu'il faut attribuer la rencontre qu'on fait souvent dans les forêts de plusieurs dents d'éléphant. La chair est dévorée par d'autres bêtes, les os tombent en pourriture et les dents sont les dernières parties qui résistent. Cependant, comme elles ne peuvent être longtemps exposées aux injures de l'air sans s'altérer beaucoup, elles perdent quelque chose de leur prix.

ARTS ET MÉTIERS CHEZ LES NÈGRES.

Ils n'ont pas d'autres ouvriers que ceux qui sont absolument nécessaires au soutien de la vie, tels que des forgerons, des tisserands, des potiers de terre. Le métier de forgeron, qu'ils appellent *ferraro*, est le principal, parce qu'il est le plus indispensable. Ils ont chez eux des mines de fer, mais elles sont éloignées des côtes : de sorte que ceux qui habitent près de la mer achètent généralement ce métal des Européens.

Les forgerons n'ont pas d'ateliers qui méritent le nom de boutique ni de forges ; ils apportent avec eux leurs ustensiles et se mettent sous le premier arbre pour y travailler. Ils n'ont pas d'autre instrument qu'une petite enclume, une peau de bouc qui leur sert de soufflet, quelques marteaux, une paire de tenailles et deux ou trois limes. Leur indolence paraît jusqu'au milieu du travail, car ils sont assis, ils fument, ils s'entretiennent avec le premier venu. Comme leur enclume n'a que le pied en terre ou dans le sable, sans aucun soutien pour la fixer, quelques coups la renversent, le temps se perd à la redresser. Ordinairement ils sont trois au travail d'une forge. L'unique occupation de l'un est de souffler continuellement. Leurs soufflets sont composés d'une peau de bouc coupée en deux, ou de deux peaux jointes ensemble, avec un passage à l'extrémité pour tuyau. Ils n'emploient le plus souvent que du bois, faute de charbon. Le nègre dont l'emploi est de souffler se tient assis derrière les soufflets et les presse alternativement des coudes et des genoux. Les deux autres sont assis de leur côté avec l'enclume au milieu d'eux et frappent aussi négligemment sur le métal que s'ils appréhendaient de le blesser. Ils ne laissent pas de forger d'assez jolis ouvrages en or et en argent. Ils font des couteaux, des haches, des crocs, des pelles, des scies.

PRATIQUES PIEUSES CHEZ LES NÈGRES.

On sait que les mahométans d'Asie font le solam ou la prière cinq fois le jour et la nuit. Le vendredi, qui est le jour de leur sabbat, ils la font sept fois; mais ceux des nègres qui sont bons mahométans se contentent de prier trois fois le jour, c'est-à-dire le matin, à midi et le soir. Chaque village a son marabout ou prêtre, qui les rassemble pour ce devoir. Le lieu de leur assemblée est un camp qui leur sert de mosquée. Là, après les ablutions ordonnées par l'Alcoran, ils se rangent en plusieurs lignes derrière le prêtre, dont ils imitent les mouvements et les gestes. Ils ont le visage tourné vers l'orient; mais lorsqu'ils sont fatigués de leur posture, ils s'accroupissent à la manière des femmes, en tournant le visage vers l'ouest.

Le marabout étend les bras, répète plusieurs mots d'une voix si lente et si haute que toute l'assemblée peut les répéter après lui; il se met à genoux, baise la terre, recommence par trois fois cette cérémonie et tout ce qu'il fait est imité par les assistants. Ensuite il se met à genoux pour la quatrième fois et fait quelque temps sa prière en silence. Il se relève, et, traçant du doigt, autour de lui, un cercle dans lequel il imprime plusieurs caractères, il les baise respectueusement, après quoi, la tête appuyée sur les deux mains et les yeux fixés contre terre, il passe quelques moments dans une profonde méditation. Enfin il prend du sable et de la poussière, se les jette sur la tête et sur le visage et commence à prier d'une voix haute, en touchant la terre du doigt et nul levant au front. Pendant toutes ces formalités, il répète plusieurs fois ces mots: *Salam-aleck*, c'est-à-dire: Je vous salue. Il se lève, toute l'assemblée suit son exemple et chacun se retire. La modestie, le respect et l'attention qu'ils apportent à cet exercice causent une juste admiration à nos voyageurs. La prière dure une grande demi-heure et se renouvelle trois fois le jour. Il n'y a point d'affaire ni de compagnie qui leur fasse oublier le temps. S'ils ne peuvent assister à l'assemblée, ils se retirent à l'écart pour observer les mêmes pratiques, et, lorsqu'ils manquent d'eau pour leur ablution, ils emploient de la terre. Brue, qui fut plusieurs fois témoin de leurs cérémonies, eut la curiosité de demander aux marabouts quel était le sens de leurs postures et de leurs prières. Ils lui répondirent qu'ils adoraient Dieu en se prosternant devant lui ; que cette humiliation était un aveu de leur néant aux yeux du premier Etre et qu'ils le priaient de pardonner leurs fautes et de leur accorder les commodités dont ils avaient besoin, telle qu'une femme, des enfants, une moisson abondante, la victoire sur leurs ennemis, une bonne pêche, la santé et l'exemption de toutes sortes de dangers.

Aussitôt qu'ils voient paraître la première lune de l'équinoxe d'automne, ils la saluent en crachant dans leurs mains et en les étendant vers le ciel ; ensuite ils les tournent plusieurs fois autour de leur tête et répètent à deux ou trois reprises la même cérémonie. En général, les mahométans rendent beaucoup de respect à la nouvelle lune, la saluent aussitôt qu'ils la voient paraître, ouvrent leur bourse et demandent au ciel que leurs richesses puissent augmenter avec les quartiers de la lune.

Le ramadan ou le carême des mahométans nègres est observé avec beaucoup de rigueur. Ils ne mangent et ne boivent qu'après le coucher du soleil. Les dévots n'avalent même pas leur salive et se couvrent la bouche d'un morceau d'étoffe, de peur qu'il n'y entre une mouche. Malgré la passion qu'ils ont pour le tabac, ils ne touchent point à leur pipe. Mais lorsque le nuit arrive ils se dédommagent de l'abstinence du jour. Les grands et les riches passent ensuite toute la journée à dormir.

DÉTAILS SUR LE ROYAUME DE JUIDA ET SES HABITANTS.

La côte des Esclaves comprend plusieurs petits royaumes qui font le commerce des esclaves. Celui de Juida est le centre de ce commerce et le pays le plus fréquenté et le mieux connu des Européens sous cette latitude.

Tous les Européens qui ont fait le voyage de Juida conviennent que c'est une des plus délicieuses contrées de l'univers. Les arbres y sont d'une grandeur et d'une beauté admirable, sans être masqués, comme dans les autres parties de la Guinée, par des buissons et de mauvaises plantes. La verdure des campagnes, qui ne sont divisées que par des bosquets ou par des sentiers fort agréables et la multitude des villages qui se présentent dans un si bel espace, forment la plus charmante perspective qu'on puisse imaginer. Il n'y a ni montagnes ni collines qui arrêtent la vue ; tout le pays s'élève doucement jusqu'à trente ou quarante milles de la côte, comme un large et magnifique amphithéâtre, d'où les yeux se promènent jusqu'à la mer. Plus on avance, plus on le trouve peuplé. C'est la véritable image des Champs-Elysées ; du moins les voyageurs osent donner ce nom à cette belle contrée, sans réfléchir qu'un pays où l'on trafique sans cesse de la liberté des hommes rappelle plutôt l'idée de l'enfer que celle de l'Elysée.

A ceux qui viennent de la mer, cette contrée présente un spectacle charmant : c'est un mélange de petits bois et de grands arbres ; ce sont des groupes de bananiers, de figuiers, d'orangers, etc., au travers desquels on découvre les toits d'un nombre infini de villages dont les maisons, couverte de paille et couronnées de cannes, forment un très beau paysage.

Les nègres de Juida, bien différents de la plupart des peuples de

Guinée, n'abandonnent que les terres absolument stériles ; tout est bien cultivé, semé, planté, jusqu'aux enclos de leurs villages et de leurs maisons. Leur activité va si loin que le jour de leur moisson ils recommencent à semer, sans laisser à la terre un moment de repos. Aussi leur territoire est-il si fertile qu'il produit deux ou trois fois l'année. Les pois succèdent au riz, le millet vient après les pois, le maïs après le millet, les patates et les ignames après le maïs. Les bords des fossés, des haies et des enclos sont plantés de melons et de légumes : il ne reste pas un pouce de terre en friche. Les grands chemins ne sont que des sentiers. La méthode commune pour cultiver les terres est de l'ouvrir en sillons : la rosée qui se rassemble au fond de ces ouvertures et l'ardeur du soleil qui en échauffe les côtés, hâtent beaucoup plus les progrès de leurs plantes et de leurs semences que dans un tiroir plat.

Tout le pays est si rempli de villages et si peuplé qu'il ne paraît composer qu'une seule ville divisée en autant de quartiers et partagée seulement par des terres cultivées qu'on prendrait pour des jardins.

Les principales marchandises du royaume de Juida sont des étoffes de la fabrique des femmes, les nattes, les paniers, les cruches pour le paytou, les calebasses de toutes sortes de grandeurs, les plats et les tasses de bois, les pagnes rouges et bleus, la malaguette, le sel, l'huile de palmier, le kanki et d'autres denrées.

SERPENT FÉTICHE DES NÈGRES DE JUIDA.

Le voyageur Desmarchais donne une description fort exacte de l'espèce de serpent qui fait le principal objet de la religion de Juida et qu'on nomme serpent fétiche. Cette espèce a la tête grosse et ronde, les yeux bleus et fort ouverts, la langue courte et pointue comme un dard, le mouvement d'une grande lenteur, excepté lorsqu'elle attaque un serpent venimeux ; elle a la queue petite et pointue ; la peau fort belle ; le fond de sa couleur est un blanc sale, avec un mélange agréable de raies et de taches jaunes, bleues et brunes. Ces serpents sont d'une douceur surprenante : on peut marcher sur eux sans crainte, ils se retirent sans aucune marque de colère.

Ils sont si privés qu'ils se laissent prendre et manier. Leur unique antipathie est contre les serpents venimeux dont la morsure est dangereuse ; il les attaquent dans quelque lieu qu'ils les rencontrent et semblent prendre plaisir à délivrer les hommes de leur poison. Les blancs même ne font pas difficulté de manier ces innocentes créatures et badinent avec elles sans le moindre danger. Il faut craindre de les confondre avec les autres. L'espèce de serpents venimeux est noire et longue de deux brasses et d'un pouce et demi de diamètre ; ils ont la tête plate et deux dents crochues ; ils rampent toujours la tête levée et la gueule ouverte, attaquant tout ce qui se présente. Le serpent sacré a moins de longueur, il n'a point ordinairement plus de sept pieds et demi ; mais il est aussi gros que la cuisse d'un homme. Les nègres assurent que le premier père de cette race est encore vivant et qu'il est d'une prodigieuse grosseur.

Une des principales raisons qui l'a fait choisir aux nègres pour l'objet de leur culte est la bonté de son naturel. C'est un crime capital de lui nuire ou de l'outrager volontairement, mais s'il arrive par hasard qu'on marche dessus, il se retire avec plus de frayeur que de colère, ou s'il mord, la blessure est toujours sans danger.

Ce serpent vient d'Ardra dans son origine ; il fut apporté avec toutes sortes d'honneurs ; on lui bâtit un temple, on assigna un fonds pour sa subsistance et bientôt ce nouveau fétiche prit l'ascendant sur toutes les anciennes divinités ; son culte ne fit ensuite qu'augmenter à proportion des faveurs dont on se crut redevable à sa protection.

Histoire des Voyages.

C'est lui qui préside au commerce, à la guerre, à l'agriculture, aux maladies, à la stérilité, etc. Le premier édifice qu'on avait bâti pour le recevoir parut bientôt trop petit. On prit le parti de lui élever un nouveau temple, avec des grandes cours et des appartements spacieux : on établit un grand-pontife et des prêtres pour le servir. Tous les ans on choisit quelques filles qui lui sont consacrées.

Ce qu'il y a de plus remarquable, c'est que les nègres de Juida sont persuadés que le serpent qu'ils adorent aujourd'hui est le même qui fut apporté par leurs ancêtres et qui leur fit gagner une glorieuse victoire. La postérité de ce noble animal est devenue fort nombreuse, et n'a pas dégénéré des bonnes qualités de son premier père. Quoiqu'elle soit moins honorée que le chef, il n'y a pas de nègre qui ne se croit fort heureux de rencontrer des serpents de cette espèce et qui ne les loge et ne les nourrisse avec joie. Ils les régalent avec du lait. Si c'est une femelle et qu'ils s'aperçoivent qu'elle soit pleine, ils lui construisent un nid pour mettre ses petits au monde et prennent soin de les élever jusqu'à ce qu'ils soient en état de chercher leur nourriture. Comme ils sont incapables de nuire, personne n'est porté à les insulter ; mais s'il arrivait à quelqu'un, nègre ou blanc, d'en tuer ou d'en blesser un, toute la nation serait prompte à se soulever. Le coupable, s'il était nègre, il serait assommé ou brûlé sur-le-champ et tous ses biens confisqués ; si c'était un blanc, et qu'il eût le bonheur de se dérober à la furie du peuple, il en coûterait une bonne somme à sa nation pour lui procurer la liberté de reparaître.

Les animaux qui tueraient ou blesseraient un serpent fétiche ne seraient pas plus à couvert du châtiment que les hommes. En 1697, un porc qui avait été tourmenté par un serpent se jeta dessus et le dévora. Nicolas Pell, facteur hollandais, qui fut témoin de cette scène, ne put être assez prompt pour l'empêcher. Les prêtres portèrent leur plainte au roi et personne n'osant prendre la défense des porcs, ils obtinrent de ce prince une sentence qui condamnait à mort tous les porcs du royaume.

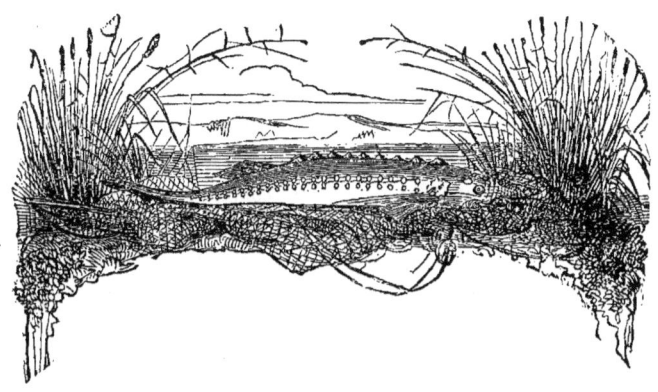

BRUCE, ÉCOSSAIS.

Le principal objet du voyage de Bruce en Afrique était la découverte des sources du Nil, et cette entreprise, qu'il mena a bonne fin et contre laquelle étaient venu échouer jusqu'alors tous les efforts des voyageurs et des conquérants, a immortalisé son nom.

Cet illustré Ecossais partit en 1768; il visita successivement Tunis, Tripoli, Rhodes, Chypre, la Syrie; de là, à travers mille périls, il pénétra dans l'Abyssinie, où il resta quatre ans; voici un extrait de sa relation.

DESCRIPTION D'UN REPAS SANGLANT EN ABYSSINIE.

« Je rencontrais dans une de mes courses trois voyageurs qui avaient l'air de trois soldats et qui faisaient marcher devant eux une vache. Ils firent halte au bord d'un ruisseau et l'un deux coupa quelques tranches de viande sur le bas de la croupe de cette pauvre vache, après quoi, ils la firent marcher comme auparavant. Quand je fus de retour en Angleterre et que je racontai ce fait, on jeta les hauts cris et des gens à qui les mœurs et les coutumes de l'Abyssinie étaient parfaitement étrangères soutinrent que la chose était impossible. Les jésuites qui ont séjourné plus de cent ans avant moi parmi les Abyssiniens, racontent presque à chaque page de leur relation, que ce peuple mange de la chair crue, et cependant mes contradicteurs n'en savaient rien.

» Lorsque l'épée et le bouclier sont suspendus dans le repos, les principaux habitants des villages, comme les citoyens de villes et les gens qui fréquentent la cour, se réunissent entre amis, tant hommes que femmes, pour dîner ensemble.

» On place dans une grande salle une longue table entourée de bancs, sur lesquels les convives s'asseyent. On conduit à la porte de la salle à manger une vache ou un taureau, suivant que la compagnie est nombreuse, et, quand on a bien lié les pieds de l'animal, on lui fend la peau qui lui pend sous la gorge et que nous appelons le fanon ; mais on la fend de manière à n'arriver qu'à la partie grasse qui compose ce fanon, et à se contenter de percer quelques petites veines d'où l'on fait couler à terre cinq ou six gouttes de sang seulement. On fait en sorte de tenir l'animal en vie jusqu'à ce qu'on ait achevé de le dévorer. Quand ils croient avoir satisfait à la loi de Moïse, en répandant à terre quelques gouttes du sang de l'animal, deux ou trois de la troupe se mettent à leur sanglant ouvrage. Ils commencent par lui lever la peau de chaque côté du dos ; ensuite, enfonçant leurs doigts entre cuir et chair, ils l'écorchent jusqu'à la moitié des côtes et sur la croupe, coupant toujours la peau dans les endroits où ils seraient gênés pour la lever ; puis ils dépècent la viande sans toucher aux os et les mugissements plaintifs du pauvre animal sont le signal auquel on se met à table.

» Au lieu d'assiettes, on sert devant chaque convive des gâteaux ronds de l'épaisseur d'environ un demi-travers de doigt. C'est une espèce de pain sans levain, d'un goût un peu aigre, mais agréable et facile à digérer. On le fait avec du teff; il est de différentes couleurs, tantôt bis, tantôt très blanc. Dès que les convives sont assis, trois ou quatre domestiques s'avancent, portant chacun dans leurs mains un grand morceau de chair crue et saignante, qu'ils posent sur les gâteaux de teff qui servent à la fois de plats et de nappe. Tous les hommes tiennent à la main le même coutelas dont ils font usage à la guerre et les femmes ont de mauvais petits couteaux, à peu près pareils à ces couteaux de deux sous qu'on fabrique à Birmingham.

» Les hommes coupent alors un morceau de viande, chacun de la grandeur des pièces de *beefsteak* anglaises et l'on distingue encore facilement dans ces morceaux de viande le mouvement des fibres et des esprits vitaux. Les Abyssiniens, d'une classe au-dessus du commun ne touchent jamais eux-mêmes à leur manger : les femmes prennent la viande, la coupent d'abord par aiguillettes de la grosseur du petit doigt et ensuite en petits morceaux carrés, qu'elles couvrent de sel fossile et de poivre noir, de la même espèce que le poivre de Cayenne, et qu'elles enveloppent d'un morceau de pain de teff.

» Les hommes, ayant alors remis leurs coutelas dans leurs fourreaux, appuient leurs mains sur les genoux, se tiennent le corps penché, la tête avancée et la bouche ouverte comme les idiots, se tournant sans cesse du côté des mains qui leur présentent le morceau et qui les empâtent si bien qu'ils courent grand risque d'être étouffés. C'est là une marque de grandeur; celui qui avale les plus gros morceaux et qui fait le plus de bruit en mâchant est regardé comme le mieux élevé et celui qui sait le mieux vivre. Aussi y a-t-il parmi eux un proverbe qui dit : « Les mendiants et les voleurs n'avalent que des petits morceaux sans faire de bruit. »

» Dès qu'un homme a expédié le morceau présenté, ce qui est ordinairement fort prompt, il se tourne du côté de l'autre et va ainsi alternativement jusqu'à ce qu'il ait pris sa réfection. Il ne boit jamais qu'après avoir achevé de manger, et, avant de boire, il roule deux ou trois petits morceaux de viande pareils à ceux qu'on lui a servis et il les présente des deux mains à ses deux voisines, qui ouvrent la bouche toutes deux à la fois; par ce moyen il leur marque sa reconnaissance.

« Cependant la malheureuse victime qu'on a déchirée et dévorée en partie saigne toujours, mais saigne peu, à la porte de ce barbare festin, parce que, tant qu'on peut enlever de la viande sans toucher aux os, on ne coupe point les cuisses ni aucune des parties où sont les artères. Mais enfin on en vient là et bientôt après que l'animal a perdu tout son sang, il devient si coriace que les canibales sont obligés de lui arracher le reste de sa chair avec les dents et de la dévorer comme de vrais chiens.

» Ceux qui ont dîné à table sont alors très animés et puis tombent ivres-mort. » Nous ne pouvons reproduire ici toutes les abominations qui succèdent à cette dégoûtante orgie. Pauvre peuple! oh! est-il étonnant que les Claver, les Olivieri se dévouent pour t'arracher à ces hideuses ombres de la mort! que toujours l'Eglise, par la voix de ses plus éminents pontifes, ait plaidé ta cause!

FRANÇOIS LEVAILLANT.

Parmi les explorateurs de l'Afrique, Levaillant, né en 1753, dans la Guyane Hollandaise, doit occuper un des premiers rangs. Naturaliste distingué, il fut encore judicieux observateur, et la relation de ses voyages fourmille de détails instructifs. Jeune encore il manifesta un violent amour pour l'étude de l'histoire naturelle, et tous ses efforts tendirent à satisfaire cette passion qui devait l'immortaliser. Quand après bien des traverses il lui fut enfin permis de se livrer à ses goûts favoris, il ne crut pas pouvoir choisir un théâtre plus favorable pour ses opérations que le sud de l'Afrique, ces contrées si riches en productions naturelles. Il s'embarqua donc le 19 décembre 1790, et après trois mois dix jours de traversée, il mouilla dans la baie de la Table. Il resta dans ces parages à peu près quatre ans.

CHASSE CHEZ LES HOTTENTOTS.

« Les Hottentots sont adonnés à la chasse et ils y déploient beaucoup d'adresse. Indépendamment des piéges qu'ils tendent au gros gibier, ils le guettent, l'attaquent, le tirent avec leurs flèches empoisonnées, ou le tuent avec leurs zagaies. Ces deux armes sont les seules dont ils se servent. L'animal qu'une flèche a touché ne tarde pas à ressentir les effets du poison, qui lui coagule le sang. Il est plus d'une fois arrivé à un éléphant ainsi blessé d'aller tomber à vingt ou trente lieues de l'endroit où il avait reçu le coup mortel. Sitôt que l'animal a expiré, on se contente de couper toute la partie des chairs voisines de la plaie, qu'on regarde comme dangereuse; mais le reste ne se ressent en aucune manière des atteintes du poison. J'ai souvent mangé de ces viandes sans avoir éprouvé la plus légère incommodité ; mais j'avoue que je n'aurais pas voulu courir les mêmes risques à l'égard des animaux chez qui le poison aurait séjourné quelque temps.

» A la première inspection de leurs flèches, on ne soupçonnerait pas à quel point elles sont meurtrières. Elles n'ont ni la portée ni la longueur de celles dont les Caraïbes font usage en Amérique; mais leur petitesse même les rend d'autant plus dangereuses qu'il est impossible à l'œil de les apercevoir, de les suivre et par conséquent de les éviter. La moindre blessure qu'elles font est toujours mortelle, si le poison touche le sang ou la chair déchirée. Le remède le plus sûr est la prompte amputation de la partie blessé, si c'est quelque membre ; mais si la plaie est dans le corps il faut périr.

» Ces flèches sont faites de roseaux et très artistement travaillées. Elles n'ont guère que 50 centimètres, ou tout au plus 67 de longueur, au lieu que celles des Caraïbes portent 2 mètres. On arrondit un petit os de 10 à 15 centimètres de long et d'un diamètre moindre que celui du roseau ; on l'implante dans ce roseau par l'un des bouts, mais sans le fixer. De cette manière, lorsque la flèche a pénétré dans un corps, on peut bien en retirer la baguette, mais le petit os ne vient point avec elle ; il reste caché dans la plaie d'autant plus sûrement qu'il est encore armé d'un petit crochet placé sur son coté, de façon que par sa résistance et les nouvelles déchirures qu'il fait dans l'intérieur, il rend inutiles tous les moyens que l'art voudrait imaginer pour le faire sortir. C'est ce même os qu'on enduit d'un poison qui a la fermeté du mastic et à la pointe duquel on ajoute souvent encore un petit fer triangulaire et bien acéré, qui rend l'arme plus terrible.

» Les arcs sont proportionnées aux flèches et n'ont que 84 centimètres, ou tout au plus 1 mètre de hauteur ; la corde en est faite avec des boyaux. »

LE COUCHER DU SOLEIL VU DU HAUT DE LA MONTAGNE DE DE LA TABLE.

Levaillant, après avoir décrit un orage dont il fut témoin sur le sommet de la Table, une des plus hautes montagnes du Cap, rend ainsi compte du tableau opposé que lui offrit le déclin du jour :

« L'approche de la nuit vint me dédommager un peu de cette contrariété en m'offrant un tableau différent, il est vrai, et moins rare, mais plus sublime peut-être que cette grande tempête sur laquelle je m'étais avisé de compter : c'était le coucher du soleil dans l'Océan. On pourrait dire que c'était l'arrivée du maître de la nature aux bornes du monde. Je vis ce globe de feu se plonger et disparaître avec majesté dans les eaux. Quel ravissant spectacle il offrit à mes yeux étonnés, lorsque, rasant la surface des mers, il parut tout à coup en embraser l'abîme pour joindre, comme le dit Ossian, l'immense palais des ténèbres ! A son approche, les flots élèvent leurs têtes agitées pour se dorer de sa lumière, leurs couleurs diamantées par ses rayons se dégradent insensiblement et soudain ils s'abaissent lorsqu'il a disparu. Déjà l'Océan commençait à n'être plus éclairé et l'immense rideau de nuages que j'avais à l'est réflétait encore ses feux dans leurs parties supérieures : leur masse totale représentait des montagnes de neige et leur couronnement étalait une zone resplendissante de toutes les couleurs de l'arc-en-ciel. Ce spectacle ne dura qu'un instant ; mais, à une distance de trente lieues vers le nord, les montagnes de Piquet, plus hautes encore que la Table, conservèrent pendant quelque temps la lumière sur leurs cimes majestueuses ; elles se détachaient sur le fond pourpre et violâtre du ciel : on eût dit des fanaux destinés à éclairer l'Afrique intérieure pendant l'obscurité de la nuit.

VOLNEY.

Doué d'une activité infatigable, Volney parcourut à pied l'Egypte et la Syrie, où il visita les Pyramides et les ruines de Palmyre. Il publia, en 1781, le résultat de son voyage : nous lui empruntons seulement les deux descriptions suivantes. Nous n'avons pas besoin de dire à nos lecteurs que Volney ne doit être lu qu'avec une méfiance extrême. La haine contre Dieu et l'orgueil lui ont inspiré des pages où se trahit la plus insigne mauvaise foi.

ALEXANDRIE. — LES PYRAMIDES.

« Parmi les lieux propres à produire le double effet de la surprise et de l'admiration, il en est peu qui réunissent autant de moyens qu'Alexandrie en Egypte. Le nom de cette ville, qui rappelle le génie d'un homme si étonnant; le nom du pays, qui tient à tant de faits et d'idées; l'aspect du lieu, qui présente un tableau si pittoresque; ces palmiers qui s'élèvent en parasol; ces maisons à terrasse qui semblent dépourvues de toit; ces flèches grêles des minarets qui portent une balustrade dans les airs, tout avertit le voyageur qu'il est dans un autre monde. Descend-il à terre, une foule d'objets inconnus l'assaillent par tous les sens : c'est une langue dont les sons barbares et l'accent âcre et guttural effraient son oreille; ce sont des habillements d'une forme bizarre, des figures d'un caractère étrange. Au lieu de nos visages nus, de nos têtes enflées de cheveux, de nos coiffures triangulaires et de nos habits courts et serrés, il regarde avec surprise ces visages brûlés, armés de barbe et de moustaches; cet amas d'étoffe roulée en plis sur une tête rase; ce long vêtement qui, tombant du cou aux talons, voile le corps plutôt qu'il ne l'habille; ces pipes de six pieds et ces longs chapelets dont toutes les mains sont garnies et ces hideux chameaux qui portent l'eau dans les sacs de cuirs, et ces ânes sellés et bridés qui transportent légèrement leur cavalier en pantoufles; et ce marché mal fourni de dattes et de petits pains ronds et plats, et cette foule immonde de chiens errants dans les rues, et ces espèces de fantômes ambulants qui, sous une draperie d'une seule pièce, ne montrent d'humain que deux yeux de femme. Dans ce tumulte, tout entier à ses sens, son esprit est nul pour la réflexion; ce n'est qu'après être arrivé au gîte, si désiré quand on vient de la mer, que, devenu plus calme, il considère avec réflexion ces rues étroites et sans pavé, ces maisons basses dont les jours sont masqués de treillages, ce peuple maigre et noirâtre qui marche nu-pieds et n'a pour tous vêtement qu'une chemise bleue, ceinte d'un cuir ou d'un mouchoir rouge. Déjà l'air de misère qu'il voit sur les hommes et le mystère qui enveloppe les maisons lui font soupçonner la rapacité de la tyrannie et la défiance de l'esclavage. Mais un spectacle qui bientôt attire toute son attention, ce sont les vastes ruines qu'il aperçoit du côté de la terre. Dans nos contrées, les ruines sont un objet de curiosité ; à peine trouve-t-on, aux lieux écartés, quelque vieux château dont le délabrement annonce plutôt la désertion du maître que la misère du lieu. Dans Alexandrie, au contraire, à peine sort-on de la ville neuve, dans le continent, que l'on est frappé de l'aspect d'un vaste terrain tout couvert de ruines. Pendant deux heures de marche on suit une double ligne de murs et de tours qui formaient l'enceinte de l'ancienne Alexandrie. La terre est couverte des débris de leurs sommets ; des pans entiers son écroulés, les voûtes enfoncées, les créneaux dégradés et les pierres rongées et défigurées par le salpêtre. On parcourt un vaste intérieur sillonné de fouilles, percé de puits, distribué par des murs à demi enfouis, semé de quelques colonnes anciennes, de tombeaux modernes, de palmiers, de nopals et où l'on ne trouve de vivants que des chacals, des éperviers et des hiboux. Les habitants, accoutumés à ce spectacle, n'en reçoivent aucune impression ; mais l'étranger, en qui les souvenirs qu'il rappelle s'exaltent par l'effet de la nouveauté, éprouve une émotion qui souvent passe jusqu'aux larmes et qui donne lieu à des réflexions dont la tristesse attache autant le cœur que leur majesté élève l'âme.

» Une autre merveille de l'Egypte ce sont les pyramides. La main du temps et plus encore celle des hommes qui ont ravagé tous les monuments de l'antiquité, n'ont rien pu jusqu'ici contre les pyramides. La solidité de leur construction et l'énormité de leur masse les ont garanties de toute atteinte et semblent leur assurer une durée éternelle. Les voyageurs en parlent tous avec enthousiasme et cet enthousiasme n'est point exagéré. L'on commence à voir ces montagnes factices dix lieues avant d'y arriver ; elles semblent s'éloigner à mesure qu'on s'en approche. On en est encore à une lieue et déjà elles dominent tellement sur la terre, qu'on croit être à leur pied ; enfin l'on y touche et rien ne peut exprimer la variété des sensations qu'on y éprouve : la hauteur de leur sommet, la rapidité de leur pente, l'ampleur de leur surface, le poids de leur assiette, la mémoire des temps qu'elles rappellent, le calcul du travail qu'elles ont coûté, l'idée de ces immenses roches sont l'ouvrage de l'homme, si petit et si faible, qui rampe à leurs pieds, tout saisit à la fois le cœur et l'esprit d'étonnement de terreur, d'humiliation, d'admiration, et de respect. »

MŒURS ET USAGES DES ARABES BÉDOUINS.

» Parmi les races nombreuses qui peuplent la Syrie, nous parlerons seulement des Bédouins, dont la nature, par les circonstances dans lesquelles elle les a placés, a fait une race d'hommes aussi singuliers au moral qu'au physique. Cette singularité est si tranchante que leurs voisins, les Syriens mêmes, les regardent comme des hommes extraordinaires. Cette opinion a lieu surtout pour les tribus du fond du désert, qui ne s'approchent jamais des villes. Lorsque, du temps de Dâher, il en vint des cavaliers jusqu'à Acre, ils y firent la même sensation que feraient parmi nous des sauvages de l'Amérique. On considérait avec surprise ces hommes, plus petits, plus maigres et plus noirs qu'aucun Bédouins connus ; leurs jambes sèches n'avaient que des tendons sans mollets ; leur ventre était collé à leur dos ; leurs cheveux étaient crépés presque autant que ceux des nègres. De leur côté, tout les étonnait ; ils ne concevaient ni comment les maisons et les minarets pouvaient se tenir debout, ni comment on osait habiter dessous et toujours au même endroit ; mais surtout ils s'extasiaient à la vue de la mer et ils ne pouvaient comprendre ce *désert d'eau*. On leur parla de mosquées, de prières, d'ablutions et ils demandèrent ce que cela signifiait, ce que c'était que Moïse, Jésus-Christ et Mahomet, et pourquoi les habitants, n'étant pas de tribus séparées, suivaient des chefs opposés.

On sent que les Arabes des frontières ne sont pas si novices ; il en est de même plusieurs petites tribus qui, vivant au sein du pays, comme dans la vallée de *Begâà*, dans celle du Jourdain et dans la Palestine, se rapprochent de la condition des paysans ; mais ceux-là sont méprisés des autres, qui les regardent comme des *Arabes bâtards et* des *rayas* ou *esclaves des Turcs*.

» En général les Bédouins sont petits, maigres et hâlés, plus cependant au sein du désert, moins sur la frontière ou pays cultivé, mais là même toujours plus que les laboureurs du voisinage. Un même camp offre aussi cette différence, et j'ai remarqué que les *cheiks*, c'est-à-dire les riches et leurs serviteurs, étaient toujours plus grands et plus charnus que le peuple. J'en ai vu qui passaient 1 mètre 84 centimètres, pendant que la taille générale n'est que de 1 mètre 70 centimètres. On n'en doit attribuer la raison qu'à la nourriture, qui est plus abondante pour la première classe que pour la dernière. On peut même dire que le commun des Bédouins vit dans une misère et une famine habituelles. Il paraîtra peu croyable parmi nous, mais il n'en est pas moins vrai, que la somme ordinaire des aliments de la plupart d'entre eux ne passe pas six onces par jour. C'est surtout chez les tribus de Nadji et de l'Hedjâz que l'abstinence est portée à son comble : six ou sept dattes trempées, dans du beurre fondu, quelque peu de lait doux ou caillé, suffisent à la journée d'un homme ; il se croit heureux s'il y joint quelques pincées de farine grossière ou une boulette de riz. La chair est réservée aux plus grands jours de fête et ce n'est que pour un mariage ou une mort que l'on tue un chevreau. Ce n'est qu'au cheiks riches et généreux qu'il appartient d'égorger de jeunes chameaux, de manger du riz cuit avec la viande. Dans sa disette, le vulgaire, toujours affamé, ne dédaigne pas les plus vils aliments ; de là l'usage où sont les Bédouins de manger des sauterelles, des rats, des lézards et des serpents grillés sur des brousailles ; de là leurs rapines dans les champs cultivés et leurs vols sur les chemins ; de là aussi leur constitution délicate et leurs corps petit et maigre, plutôt agile que vigoureux. »

LES TRAPPISTES ET LES ESCLAVES.

Dans cette partie de notre ouvrage nous avons souvent parlé des nègres et de leur esclavage. Nos lecteurs ne liront pas avec bonheur les faits suivants ?

Deux pères Trappistes de la Melleraye sont en ce moment à Lille (1852), où ils sont venus dans le dessein d'étudier les méthodes de culture et d'assolement dans le Nord. Voici à quelle occasion a lieu cette espèce d'inspection : le gouvernement a reconnu le danger de procéder à l'émancipation des nègres aux colonies avant d'avoir fait acquérir aux esclaves la juste notion de la liberté au sein de la civilisation. Dans l'état actuel de quasi-barbarie où se trouvent les nègres, la liberté n'est pour eux que le droit de vivre dans l'oisiveté : or, l'oisiveté et la faim sont de cruelles conseillères pour ces natures bouillantes, par le soleil des tropiques. L'émancipation immédiate et sans préparation entraînerait nécessairement pour nos colonies des catastrophes analogues à celles qui ont désolé Saint-Domingue. La réhabilitation des esclaves doit être précédée, à leurs yeux, de celle du travail. Aux colonies, le travail n'est guère pratiqué que par les nègres, sous la menace incessante du bâton des commandeurs. Il faut donc leur offrir l'exemple du travail par les blancs, du travail libre, accepté, sanctifié, du travail chrétien, par conséquent civilisateur. Cette nécessité, que l'expérience démontre, a déterminé le gouvernement à réclamer le concours de la congrégation catholique la plus apte à cette belle mission de régénération par le travail. Il a offert au supérieur-général des Trappistes la concession de l'une de ses exploitations domaniales de la Martinique et cet offre a été acceptée avec le dévouement et l'abnégation qui sont la vie de cette sainte congrégation. Elle n'a pas reculé devant les périls et les fatigues du climat qui sera meurtrier pour beaucoup de ses membres ; devant les difficultés d'un travail tout nouveau pour elle, surtout devant celles bien plus grandes de l'instruction et de la moralisation des nègres qui lui sont confiés. La propagation de la religion et le bien de l'humanité ont effacé tous ces obstacles. Elle a accepté la charge de cette belle œuvre. Le champ est vaste et l'expérience sera concluante : l'exploitation qui lui est remise s'étend sur environ 450 hectares et possède 400 nègres esclaves. C'est donc pour s'approprier tous les perfectionnements actuels de l'agriculture que les deux Pères trappistes explorent en ce moment le Nord, afin de transporter à la Martinique ceux dont l'application leur fera sentir les avantages. Nous ne pouvons qu'applaudir à cette expérience, qui prouvera une fois de plus que c'est le catholicisme, et le catholicisme seul, qui, après avoir donné la vraie civilisation et la liberté partout où elles ont disparu, quels que soient les hommes et le climat, parce que le catholicisme est de tous les temps et de tous les lieux, et qu'il est la véritable loi sociale de l'humanité. »

L'expérience a été faite maintenant. Rien n'égale la colonie de Staouéli; tous les gouvernements l'ont encouragée jusqu'à ce jour. A ce monastère vont les Français qui veulent apprendre comment on peut vivre et s'enrichir en Algérie.

VOYAGES

AUTOUR DU MONDE.

MAGELLAN.

Balboa, en 1513, avait aperçu, du sommet des montagnes de Panama, un immense océan jusqu'alors ignoré. Cette découverte faisait grand bruit dans toute l'Europe et l'ambition des conquérants était puissamment excitée. Mais par quel chemin pénétrer dans ces mers inconnues ? Communiquaient-elles avec l'océan Atlantique ? Ces questions occupaient tous les savants, et plusieurs années s'écoulèrent sans que personne se présentât pour tenter de les résoudre. Enfin l'amour des richesses fit ce que n'avait pu faire l'amour de la science ; l'envie de participer aux riches productions des Moluques amena la découverte du passage qui conduisait par l'ouest à cet archipel, auquel jusqu'alors on n'allait que par l'est

Magellan, gentilhomme portugais, d'une force de caractère et d'un courage à toute épreuve, avait fait plusieurs voyages dans les Indes et servi avec distinction sous les ordres du célèbre Albuquerque. Passé au service de Charles-Quint, il découvrit le détroit auquel il a donné son nom, puis les Iles des Larrons, les Mariannes, les Philippines. Ce fut dans ces dernières qu'il fut tué d'un coup de lance en combattant pour un roi son allié. Nous lui empruntons quelques observations.

LES BRÉSILIENS.

« La terre du Brésil, qui abonde en toutes sortes de denrées est aussi étendue que l'Espagne, la France et l'Italie ensemble : elle appartient au roi de Portugal.

» Les Brésiliens ne sont pas chrétiens, mais ils ne sont pas non plus idolâtres, car ils n'adorent rien : l'instinct naturel est leur unique loi. Ils vivent très longtemps, car les vieillards parviennent ordinairement jusqu'à cent vingt ans et quelquefois jusqu'à cent quarante. Ils vont nus, les femmes aussi bien que les hommes. Leurs habitations sont de longues cabanes qu'ils nomment *boï*, et ils se couchent sur des filets de coton appelés hamacs, attachés par les deux bouts à de grosses poutres ; leur foyer est par terre. Un de ces boïs contient quelquefois jusqu'à cent hommes avec leurs femmes et leurs enfants ; il y a par conséquent beaucoup de bruit. Leurs barques, qu'ils appellent pirogues, sont formées d'un tronc d'arbre creusé au moyen d'une pierre tranchante, car les pierres leur tiennent lieu de fer, dont ils manquent. Ces arbres sont si grands qu'un seul canot peut contenir jusqu'à trente et même quarante hommes, qui voguent avec des avirons semblables aux pelles de nos boulangers. A les voir si noirs, tout nus, sales et chauves, on les aurait pris pour les matelots du Styx.

» Les hommes et les femmes sont bien faits et conformés comme nous. Ils mangent quelquefois de la chair humaine, mais seulement celle de leurs ennemis. Ce n'est ni par besoin ni par goût qu'ils s'en nourrissent, mais par un usage qui, à ce qu'ils nous dirent, s'est introduit chez eux.

» Les Brésiliens se peignent le corps, et surtout le visage, d'une étrange manière et de différentes façons, les femmes aussi bien que les hommes. Ils ont les cheveux courts et laineux. Ils ont une espèce de veste faite de plumes de perroquets tissues ensemble et arrangées de façon que les grandes pennes des ailes et de la queue leur forment un cercle sur les reins, ce qui leur donne une figure bizarre et ridicule. Presque tous les hommes ont la lèvre inférieure percée de trois trous, par lesquels ils passent de petits cylindres de pierre longs de 8 centimètres. Les femmes et les enfants n'ont point cet ornement incommode. Leur couleur est plutôt olivâtre que noire. Leur roi porte le nom de cacique.

» On trouve dans ce pays un nombre infini de perroquets, de manière qu'on nous en donnait huit ou dix pour un petit miroir. Ils ont aussi de très beaux chats maimons jaunes, semblables à de petits lions.

» Ils mangent une espèce de pain rond et blanc, mais que nous ne trouvions pas de notre goût, fait avec la moelle ou plutôt l'aubier qu'on trouve entre l'écorce et le bois d'un certain arbre et qui a quelque ressemblance avec du lait caillé. »

BYRON.

Georges III ayant formé le projet d'envoyer ses vaisseaux à la découverte des terres inconnues, confia le commandement de l'expédition au commodore Byron, qui avait déjà parcouru l'Océan Atlantique avec l'escadre d'Anson.

Le préambule des instructions remises à Byron était ainsi conçu : « Comme il y a lieu de croire qu'on peut trouver dans la mer Atlantique, entre le cap de Bonne-Espérance et le détroit de Magellan, des terres et des îles fort considérables, inconnues jusqu'ici et situées dans des latitudes commodes pour la navigation et dans des climats propres à la production des différentes denrées utiles au commerce; enfin, comme différentes îles situées dans l'espace qu'on vient de désigner n'ont pas encore été examinées avec assez de soin pour qu'on puisse avoir une idée exacte de leurs côtes et de leurs productions, quoiqu'elles aient été découvertes et visitées par des navigateurs anglais, le roi ayant égard à ces considérations et n'imaginant aucune conjecture aussi favorable à une entreprise de ce genre que l'état de paix profonde dont jouissent heureusement ses royaumes, a jugé à propos de la mettre à exécution, etc. »

L'expédition, composée de deux bâtiments, *le Dauphin* et *la Tamar*, partit des Dunes le 21 Juin 1764. Byron toucha à *Madère*, aux îles du *Cap-Vert*, alla mouiller dans la rivière de *Rio-Janeiro*, et découvrit l'île du *Désappointement* et les îles du *Roi-Georges*, puis celles du *Danger* et de *Byron*.

COLOSSE EFFRAYANT. — HABITANTS DE LA COTE DES PATAGONS.

« J'allai seul, dit-il, auprès des Indiens; mais les voyant se retirer à mesure que j'approchais, je leur fis signe que l'un d'eux devait s'avancer. Ce signe fut entendu et aussitôt un Patagon, que nous prîmes pour un des chefs, se détacha pour venir à ma rencontre. Il était d'une taille gigantesque et semblait réaliser les contes des monstres à forme humaine. La peau d'un animal sauvage, d'une forme approchant des manteaux des montagnards écossais, lui couvrait les épaules. Il avait le corps peint de la manière du monde la plus hideuse; l'un de ses yeux était entouré d'un cercle noir, l'autre d'un cercle blanc ; le reste du visage était bizarrement sillonné par des lignes de diverses couleurs. Je ne le mesurai point ; mais si je puis juger de sa hauteur par la comparaison de sa taille à la mienne, elle n'était guère au-dessous de sept pieds.

» A l'instant où ce colosse effrayant me joignit, nous prononçâmes l'un et l'autre quelques paroles en forme de salut et j'allai avec lui trouver ses compagnons à qui je fis signe de s'asseoir au moment de les aborder et tous eurent cette complaisance. Il y avait parmi eux plusieurs femmes d'une taille proportionnée à celle des hommes, qui étaient presque tous d'une stature égale à celle du chef qui était venu au-devant de moi. Le son de plusieurs voix réunies avait frappé mes oreilles dans l'éloignement, et lorsque j'approchai, je vis un certain nombre de vieillards qui, d'un air grave, chantaient d'un ton si plaintif que j'imaginai qu'ils célébraient quelque acte de religion. Ils étaient peints et vêtus à peu près de la même manière.

» Les cercles peints autour des yeux variaient pour leur couleur : les uns les avaient blancs et rouges; les autres rouges et noirs. Leurs dents qui ont la blancheur de l'ivoire, sont unies et bien rangées. La plupart étaient nus, à l'exception d'une peau jetée sur les épaules, le poil en dedans ; quelques-uns portaient aussi des bottines ayant à chaque talon une petite cheville de bois qui leur sert d'éperon. Je considérais avec étonnement cette troupe d'hommes extraordinaires, dont le nombre s'accrut encore de plusieurs autres qui arrivèrent au galop et que je ne réussis qu'avec peine à faire asseoir à côté de leurs compagnons. Je leur distribuai des grains de verroterie jaunes et blancs qu'ils parurent recevoir avec un extrême plaisir. Je leur montrai ensuite une pièce de ruban vert ; j'en fis prendre le bout à l'un d'entre eux et je la développai dans toute sa longueur, en la faisant tenir par chacun de ceux qui se trouvaient placés de suite. Tous restèrent tranquillement assis. Aucun de ceux qui tenaient le ruban ne tenta de l'arracher des mains des autres, quoiqu'il parût leur faire plus de plaisir que les grains de verroterie.

WALLIS.

Le capitaine Samuel Wallis fut envoyé, en 1766, par l'Angleterre, pour tenter de nouvelles découvertes dans l'hémisphère austral. Il partit de Plymouth le 22 août 1766, avec trois bâtiments, *le Dolphin, le Swallow* et *le Prince-Frédéric*. Le 16 décembre il mouilla dans une baie en dedans du cap des Vierges, à l'entrée orientale du détroit de Magellan. Il découvrit les îles de la *Pentecôte*, de la *Reine-Charlotte*, d'*Egmont*, d'*Osnabruk* et de *Taïti*, qui a eu pour reine la célèbre Pomaré, dont le nom a retenti plus d'une fois dans les tribunes de France et d'Angleterre.

DANGER DE WALLIS CHEZ LES TAITIENS.

« La supériorité de nos armes, dit-il, pouvait seule nous assurer l'avantage sur la multitude qui nous assaillait sans motif, car une grande partie de mon équipage était malade et faible. J'ordonnai de faire feu sur les Indiens. La décharge jeta d'abord du désordre parmi eux ; mais bientôt ils revinrent à la charge. Il fallait faire jouer de nouveau notre mousqueterie et nos pièces d'artillerie ; deux de celles-ci furent surtout dirigées contre un endroit du rivage où je voyais un grand nombre de pirogues occupées à embarquer des hommes et venant vers le vaisseau en toute hâte. Quand l'artillerie commença à résonner, il n'y avait pas moins de trois cents pirogues autour du vaisseau, montées par plus de deux mille hommes et de nouveaux renforts arrivaient continuellement de tous côtés.

» Notre feu écarta bientôt les Indiens qui étaient près du vaisseau et arrêta ceux qui se disposaient à venir sur nous. Aussitôt que je vis une partie de nos ennemis faire retraite et les autres se tenir paisibles, je fis cesser le feu, espérant qu'ils seraient assez convaincus de la supériorité de nos armes pour ne pas renouveler leur attaque. J'étais malheureusement dans l'erreur. Un gros de pirogues dispersées se réunit de nouveau, resta quelque temps à considérer le vaisseau à un quart de mille de distance, puis, élevant tout à coup des pavillons blancs, s'avança vers l'arrière du bâtiment. Les pierres, lancées par des frondes avec beaucoup de force et d'adresse, recommencèrent en même temps à pleuvoir sur nous. Chacune de ces pierres pesait environ deux livres. Plusieurs blessèrent mes matelots qui en auraient souffert bien davantage sans une toile étendue au-dessus du pont pour nous défendre des ardeurs du soleil et sans notre bastingage.

» D'autres pirogues se portèrent cependant vers l'avant du vaisseau, ayant probablement remarqué qu'on n'avait pas fait feu de cette partie. Je fis porter sur-le-champ des pièces. Parmi les pirogues qui nous attaquaient de ce côté, j'en remarquai une où se trouvait probablement un chef, car le signal qui avait rassemblé les Indiens en était parti. Un boulet sépara la pirogue en deux. A l'instant les autres se dispersèrent avec tant de promptitude qu'en une demi-heure il n'en resta pas une seule en vue, et que la foule innombrable qui couvrait le rivage s'enfuit avec la plus grande précipitation vers les collines.

» Alors, ne craignant plus d'être inquiété de nouveau, on toua le vaisseau dans la baie. Le 24, vers midi, il y mouilla et fut placé de manière qu'il protégeait l'endroit où l'on devait faire de l'eau.

» L'on prit possession de l'île, qui fut nommée île du Roi Georges III. Ce nom n'a pas prévalu; la géographie a conservé celui de *Taïti*, que lui donnent les naturels, ou *O-Taïti*, avec l'article. »

PORTRAIT. — HABILLEMENT DES TAITIENS.

« Les Taïtiens son grands, bien faits, agiles, dispos et d'une figure agréable. La taille des hommes est en général de 1 mètre 87 à 95 centimètres, et il y en a peu qui soient plus petits ou d'une taille plus haute. Celle des femmes est de 1 mètre 83 centimètres. Le teint des hommes est basané et ceux qui vont sur l'eau l'ont beaucoup plus bronzé que ceux qui vivent toujours sur terre. Leurs cheveux sont ordinairement noirs, mais quelquefois bruns, rouges ou blonds; ce qui est digne de remarque, parce que les cheveux de tous les naturels des climats chauds d'Asie, d'Afrique et d'Amérique sont noirs sans exception. Ils les nouent en une seule touffe sur le milieu de la tête, ou en deux touffes, une de chaque côté. D'autres pourtant les laissent flottants et alors ils les bouclent avec beaucoup de raideur. Les enfants des deux sexes les ont ordinairement blonds. Leurs cheveux sont arrangés très proprement, quoiqu'ils ne connaissent point l'usage des peignes ; ceux à qui nous en avions donné savaient très bien s'en servir. C'est un usage universel parmi eux de s'oindre la tête avec de l'huile de coco, dans laquelle ils infusent la poudre d'une racine qui a une odeur approchante de celle de la rose.

» L'habillement des hommes et des femmes est de bonne grâce et leur sied bien ; il est fait d'une espèce d'étoffe blanche que leur fournit l'écorce d'un arbuste, et qui ressemble beaucoup au gros papier de la Chine. Deux pièces de cette étoffe forment leur vêtement : l'une, qui a un trou au milieu pour y passer la tête, prend depuis les épaules jusqu'à mi-jambe devant et derrière, l'autre à 4 ou 5 mètres de longueur et à peu près 1 mètre de largeur ; ils l'enveloppent autour de leur corps sans la serrer. Cette étoffe n'est point tissue ; elle est fabriquée, comme le papier, avec les fibres ligneuses d'une écorce intérieure qu'on a mise en macération, et qu'on a ensuite étendues et battues les unes sur les autres. Les plumes, les fleurs, les coquillages et les perles font partie de leurs ornements et de leur parure ; ce sont les hommes surtout qui portent les perles.

BOUGAINVILLE.

Dans le mois de février 1764, la France avait commencé un établissement aux îles Malouines. L'Espagne le revendiqua comme une dépendance du continent de l'Amérique méridionale et son droit ayant été reconnu par le roi de France, Bougainville, alors capitaine de vaisseau, reçut ordre d'aller remettre cet établissement aux Espagnols et de se rendre ensuite aux Indes orientales en traversant le Grand-Océan entre les tropiques. Il partit le 15 novembre 1766, et alla mouiller, le 31 janvier 1767, dans la rivière de la Plata, où il joignit les frégates espagnoles avec lesquelles il se rendit aux îles Malouines et s'acquitta de sa commission. Des Malouines, Bougainville retourna au Brésil et passa dans le Grand-Océan par le détroit de Magellan; puis, après avoir navigué au milieu d'un groupe d'îles qu'il nomma l'archipel Dangereux, il aborda à Taïti, puis il traversa l'archipel des Navigateurs, enfin la Louisiane, ainsi que l'île et le détroit qui portent son nom.

L'ENFANT MALADE ET LE JONGLEUR CHEZ LES PÉCHERAIS.

« Un de leurs enfants, dit-il, âgé d'environ douze ans, le seul de toute la bande dont la figure fut intéressante à nos yeux, fut saisi tout à coup d'un crachement de sang, accompagné de violentes convulsions. Le malheureux avait été à bord de *l'Etoile*, où on lui avait donné des morceaux de verre et de glace, ne prévoyant pas le funeste effet que devait suivre ce présent. Ces sauvages ont l'habitude de s'enfoncer dans la gorge et dans les narines de petits morceaux de talc : peut-être la superstition attache-t-elle chez eux quelque vertu à cette espèce de talisman ; peut-être le regardent-ils comme un préservatif à quelque incommodité à laquelle ils sont sujets. L'enfant avait vraisemblablement fait le même usage du verre. Il avait les lèvres, les gencives et le palais coupés en plusieurs endroits et rendait le sang presque continuellement.

» Cet accident répandit la consternation et la méfiance. Ils nous soupçonnèrent sans doute de quelque maléfice, car la première action du jongleur, qui s'empara aussitôt de l'enfant, fut de le dépouiller précipitamment d'une casaque de toile qu'on lui avait donnée. Il voulut la rendre aux Français, et, sur le refus qu'on fit de la reprendre, il la jeta à leurs pieds. Il est vrai qu'un autre sauvage, qui sans doute aimait plus les vêtements qu'il ne craignait les enchantements, la ramassa aussitôt.

» Le jongleur étendit d'abord l'enfant sur le dos, dans une des cabanes, et s'étant mis à genoux entre ses jambes, il se courbait sur lui, et avec la tête et les deux mains, il lui pressait le ventre de toute sa force, criant continuellement, sans qu'on pût distinguer rien d'articulé dans ses cris. De temps en temps il se levait et paraissait tenir le mal dans ses mains jointes. Il les ouvrit tout d'un coup en l'air, en soufflant comme s'il eût voulu chasser un mauvais esprit. Pendant cette cérémonie, une vieille femme en pleurs hurlait dans l'oreille du malade à le rendre sourd. Ce malheureux cependant paraissait souffrir autant du remède que de son mal. Le jongleur lui donna quelque trêve pour aller prendre sa parure de cérémonie ; ensuite, les cheveux poudrés et la tête ornée de deux ailes blanches assez semblables au bonnet de Mercure, il recommença ses fonctions avec plus de confiance et aussi peu de succès. L'enfant alors paraissant plus mal, notre aumônier lui administra furtivement le baptême.

» Les officiers étaient revenus à bord et m'avaient raconté ce qui se passait à terre. Je m'y transportai aussitôt avec notre chirurgien-major, qui fit apporter un peu de lait et de la tisane émolliente. Lorsque nous arrivâmes, le malade était hors de la cabane. Le jongleur, auquel il s'en était joint un autre, paré des mêmes ornements, avait recommencé son opération sur le ventre, les cuisses et le dos de l'enfant. C'était pitié de les voir martyriser cette infortunée créature, qui souffrait sans se plaindre. Son corps était déjà tout meurtri et les médecins continuaient encore ce barbare remède, avec forces conjurations. La douleur du père et de la mère, leurs larmes, l'intérêt vif de toute la bande, intérêt manifesté par des signes non équivoques, la patience de l'enfant, nous donnèrent le spectacle le plus attendrissant. Les sauvages s'aperçurent sans doute que nous partagions leur peine, du moins leur méfiance sembla-t-elle diminuée. Ils nous laissèrent approcher du malade et le major examina sa bouche ensanglantée, que son père et un autre Pécherais suçaient alternativement. On eut beaucoup de peine à leur persuader de faire usage du lait : il fallut en goûter plusieurs fois, et, malgré l'invincible opposition des jongleurs, le père enfin se détermina à en faire boire à son fils ; il accepta même le don de la cafetière pleine de la tisane émolliente. Les jongleurs témoignaient de la jalousie contre le chirurgien, qu'ils parurent cependant à la fin reconnaître pour un habile jongleur. Ils ouvrirent même pour lui un sac de cuir, qu'ils portent toujours à leur côté et qui contenait leur bonnet de plumes, de la poudre blanche, du talc et les autres instruments de leur art; mais à peine y eut-il jeté les yeux qu'ils le refermèrent aussitôt. Nous remarquâmes aussi que, tandis qu'un des jongleurs travaillait à conjurer le mal du patient, l'autre ne semblait occupé qu'à prévenir par ses enchantements l'effet du mauvais sort qu'ils nous soupçonnaient d'avoir jeté sur eux.

LES GRANDS ET LE PEUPLE A TAITI.

« Les habitants de Taïti, dit Bougainville, nous avaient paru heureux. Nous les avions cru presque égaux entre eux, ou du moins jouissant d'une liberté qui n'était soumise qu'aux lois établies pour le bonheur de tous. Je me trompais : la distinction des rangs est fort marquée à Taïti et la disproportion cruelle. Les rois et les grands ont droit de vie et de mort sur leurs esclaves et valets. Je serais même tenté de croire qu'ils ont aussi ce droit barbare sur les gens du peuple, qu'ils nomment *tata-einou*, hommes vils; toujours est-il sûr que c'est dans cette classe infortunée qu'on prend les victimes pour les sacrifices humains.

» Les seigneurs ont des livrées pour leurs valets. Suivant que la qualité des maîtres est plus ou moins élevée, les valets portent plus ou moins haut la pièce dont ils se ceignent : cette ceinture prend immédiatement sous les bras aux valets des chefs, elle ne couvre que les reins aux valets de la dernière classe des nobles. »

COOK.

Cook, célèbre navigateur anglais, né en 1728, et mort en 1770, dans une île de la mer de Kamtchatka, en cherchant vainement un passage dans le nord de l'Asie, partit en 1768 pour une expédition autour du monde. Dans trois voyages successifs, il fit ou compléta plusieurs découvertes importantes, entre autres celles des îles de la *Société*, de la *Nouvelle-Calédonie*, de l'île de la *Géorgie*, de la terre de *Sandwich*; au nord de la ligne équinoxiale, le groupe des îles Sandwich, dont la position et les productions promettent plus d'avantages à la navigation des Européens qu'aucune autre des terres de cette mer.

Il a découvert ensuite et relevé la partie de la côte occidentale d'Amérique, depuis le 43ᵉ jusqu'au 78ᵉ degré de latitude nord, c'est-à-dire une étendue de plus de trois mille cinq cents milles; il a constaté la proximité des continents d'Asie et d'Amérique; il a traversé le détroit qui les sépare; il a relevé les terres de chaque côté à une assez grande hauteur pour démontrer qu'il est impossible de passer de la mer Atlantique dans le grand-Océan, ou par la route de l'est ou par celle de l'ouest; enfin, si on excepte la mer d'Amour et l'archipel du Japon, sur lesquels on n'a encore que des détails imparfaits, il a complété l'hydrographie de la partie du globe qui est habitable.

Voici quelques extraits de ses voyages.

COMBATS PUBLICS CHEZ LES TAITIENS.

« On prépara pour nous un divertissement entièrement nouveau : c'était un combat de lutte. Le chef était assis dans la partie supérieure de l'amphithéâtre et les principales personnes de sa suite rangées en demi-cercle à ses côtés : c'étaient des juges qui devaient applaudir au vainqueur. On avait laissé des siéges pour nous ; mais nous aimâmes mieux être en liberté parmi le reste des spectateurs.

» Quand tout fut prêt, dix ou douze hommes, qui, d'après ce que nous apprîmes, étaient les combattants et qui n'avaient d'autre vêtement qu'une ceinture d'étoffe, entrèrent dans l'arène. Ils en firent le tour lentement, les regards baissés et la main gauche sur la poitrine ; de la droite, qui était ouverte, ils frappaient souvent l'avant-bras de la première avec tant de roideur que le coup produisait un son assez aigu. C'était un défi général que se faisaient les combattants les uns aux autres, ou qu'ils adressaient aux spectateurs. D'autres athlètes suivirent bientôt ceux-ci de la même manière ; ils se donnèrent ensuite des défis particuliers et chacun d'eux choisit son adversaire. Cette formalité consistait à joindre les bouts des doigts et à les appuyer sur sa poitrine, en remuant en même temps les coudes en haut et en bas avec beaucoup de promptitude. Si l'homme à qui le lutteur s'adressait acceptait le cartel, il répétait les mêmes signes et ils se mettaient tous deux sur-le-champ dans l'attitude de combattre. Une minute après ils en venaient aux mains. C'était une pure dispute de force. Chacun tâchait d'abord à se saisir de son adversaire par la cuisse, et, s'il n'en venait pas à bout, par la main, les cheveux, la ceinture, en un mot, partout où ils pouvaient, ils s'accrochaient enfin, sans adresse ni habileté, jusqu'à ce que l'un des athlètes, profitant d'un moment avantageux, ou ayant plus de force dans les muscles, renversât l'autre.

» Lorsque le combat etait fini, les vieillards applaudissaient au vainqueur par quelques mots que toute l'assemblée répétait en chœur sur une espèce de chant et la victoire était célébrée ordinairement par trois cris de joie. Le spectacle était suspendu alors pendant quelques minutes ; ensuite un autre couple de lutteurs s'avançait dans l'arène et combattait de la même manière. Après que le combat avait duré une minute, si l'un des deux n'était pas mis à terre, ils se séparaient d'un commun accord, ou par l'intervention de leurs amis, et, dans ce cas, chacun étendait son bras en frappant l'air pour faire un nouveau défi au même rival ou à un autre. Tandis que les lutteurs étaient aux prises, une autre troupe exécutait un danse qui durait aussi l'espace d'une minute. Mais les danseurs et les lutteurs, entièrement occupés de ce qu'ils faisaient, ne donnaient pas la moindre attention les uns aux autres.

» Nous observâmes avec plaisir que le vainqueur ne montrait jamais d'orgueil à l'égard de l'adversaire qu'il avait défait et que le vaincu ne murmurait point de la gloire de son rival. Enfin toute la lutte eut lieu avec une bonne amitié et une bonne humeur parfaites, quoiqu'il y eût au moins cinq cents spectateurs. »

Les lecteurs qui connaissent les combats des athlètes de l'antiquité remarqueront sans doute une ressemblance frappante entre ces anciens jeux et les luttes des habitants d'une petite île située au milieu du Grand-Océan. On peut à ce sujet se rappeler la description qu'en a donnée Fénelon dans son *Télémaque :* quoiqu'il raconte des événements fabuleux, il a copié fidèlement les mœurs des anciens temps, d'après les auteurs qu'on regarde comme des historiens fidèles.

RELIGION A TAITI.

« Nous vîmes à Taïti une curiosité singulière. C'était la figure d'un homme grossièrement faite d'osier, mais qui n'était point mal dessinée ; elle avait plus de 2 mètres 33 centimètres de haut et elle était grosse d'après cette proportion. La carcasse était entièrement couverte de plumes blanches dans les parties où ils laissent à leur peau sa couleur naturelle et noire dans celles où ils ont coutume de se peindre ; on avait formé des espèces de cheveux sur la tête et quatre protubérances, trois au front et une par derrière, que nous aurions nommées des cornes, mais que les Indiens décoraient du nom de *taté-été,* petits hommes. Cette figure s'appelait Manioé, et on nous dit qu'elle était seule de son espèce à Taïti. Ils entreprirent de nous expliquer à quoi elle servait et quel avait été leur but en la faisant ; mais nous ne connaissions pas assez leur langue pour les entendre. Nous apprîmes dans la suite que c'était une représentation de Mauvé, un de leurs Eatouas, ou dieux de la seconde classe.

» Nous fûmes bien frappés de la vue d'un énorme bâtiment qu'on nous dit être le moraï d'Omaa et d'Obéréa et le principal morceau d'architecture qui fût dans l'île. C'était une fabrique de pierre élevée en pyramide, sur une base en carré long de 88 mètres 33 centimètres de long et de 28 mètres 33 centimètres de large ; elle était construite comme les petites élévations pyramidales sur lesquelles nous plaçons quelquefois la colonne d'un cadran solaire et dont chaque côté est en forme d'escalier ; les marches des deux côtés étaient plus larges que celles des bouts ; de sorte que l'édifice ne se terminait pas en parallélogramme comme la base, mais en un faîte ressemblant au toit de nos maisons. Nous comptâmes onze rampes élevées chacune de 1 mètre 33 centimètres, ce qui donne 14 mètres 67 centimètres pour la hauteur du bâtiment. Chaque marche était composée d'un rang de morceaux de corail blanc, taillés et polis proprement. Le reste de la masse (car il n'y avait point de cavité dans l'intérieur) consistait en cailloux ronds, qui, par la régularité de leur forme, semblaient avoir été travaillés. Quelques-unes des pierres de corail étaient très grandes ; nous en mesurâmes une qui avait 1 mètre 17 centimètres de long et 85 centimètres de large. La base était de pierres taillées aussi en carré ; une d'elles avait à peu près 1 mètre 55 centimètres de long et 80 centimètres de large.

» Nous fûmes étonnés de voir une pareille masse construite sans instruments de fer pour tailler les pierres et sans mortier pour les joindre. La structure en était aussi compacte et aussi solide qu'aurait pu la faire un maçon d'Europe ; seulement les marches du côté le plus long n'étaient pas parfaitement droites ; elles formaient au milieu une espèce de creux ; de sorte que toute la surface d'une extrémité à l'autre présentait non pas une ligne droite, mais une ligne courbe. Comme nous n'avions pas vu de carrière dans le voisinage, les Taïtiens avaient dû apporter les pierres de fort loin et ils n'ont pour transporter les fardeaux que le secours de leurs bras. Ils avaient sans doute aussi tiré le corail de dessous l'eau : quoiqu'il y en ait dans la mer en grande abondance, il est toujours au moins à la profondeur de 1 mètre. Ils n'avaient pu tailler la pierre et le corail qu'avec des instruments de même matière, ce qui est un ouvrage d'un travail incroyable. Il leur était plus facile de les polir ; ils se servaient pour cela d'un sable de corail dur qu'on trouve partout sur les côtes de la mer.

» Il y avait au milieu du sommet de cette masse une figure d'oiseau sculptée en bois et près de celle-ci une autre figure de poisson brisée, sculptée en pierre. Toute cette pyramide faisait partie d'une place spacieuse, presque carrée, dont les grands côtés avaient 120 mètres de long et les deux autres 118. La place était environnée de murailles et pavée de pierres plates dans toute son étendue ; il y croissait, malgré le pavé, plusieurs étoas et des bananiers. A environ cent mètres à l'ouest de ce bâtiment, il y avait une espèce de cour pavée où l'on voyait plusieurs petites plate-formes élevées sur des colonnes de bois de 2 mètres 33 centimètres de hauteur. Les Taïtiens les nomment *étouattas*. Il nous parut que c'étaient des espèces d'autels, parce qu'ils y plaçaient des provisions de toute espèce en offrande à leurs dieux. Nous avons vu depuis sur cet autel des cochons tout entiers et nous y avons trouvé des crânes de plus de cinquante de ces animaux, outre ceux d'un grand nombre de chiens. »

NOURRITURE DES TAÏTIENS.

« Les végétaux forment la plus grande partie de leur nourriture.

Nous dirons d'abord que, excepté les cochons, les chiens et la volaille, ils n'ont point d'animaux apprivoisés ; mais ceux-là même n'y sont point en grande quantité. Lorsqu'un chef tue un cochon il le partage presque également entre ses sujets, et, comme ils sont très nombreux, la portion qui revient à chaque individu dans ces festins, qui n'arrivent pas souvent, est nécessairement très petite. Les Taïtiens du commun se régalent plus fréquemment avec des chiens et de la volaille. Je ne puis pas vanter beaucoup la saveur de leur volaille, mais nous convînmes tous qu'un chien du Grand-Océan était presque aussi bon qu'un agneau d'Angleterre. Ils ont probablement cet excellent goût parce qu'ils se nourrissent uniquement de végétaux. La mer fournit à ces insulaires beaucoup de poissons de toute espèce ; ils mangent crus les plus petits qu'ils attrapent comme nous mangeons les huîtres et ils tirent parti de toutes les productions de la mer. Ils aiment passionnément les homards, les crabes et les coquillages qu'ils trouvent sur la côte. Ils mangent aussi des sèches, quoiqu'il y en ait de si coriaces qu'il faille les laisser pourrir avant de pouvoir les mâcher. Parmi les végétaux qui leur servent d'aliments, le fruit à pain est le principal, et pour s'en procurer ils n'ont d'autre peine qu'à grimper sur un arbre. Cet arbre n'est pas tout à fait une production spontanée de la nature ; mais le Taïtien qui, dans sa vie, en plante une dizaine, ce qui exige un travail d'une heure, remplit ses obligations à l'égard de ses contemporains et de la génération à venir, aussi parfaitement que l'habitant de nos climats moins tempérés qui laboure pendant le froid de l'hiver, moissonne à la chaleur de l'été, toutes les fois que reviennent ces saisons, qui, après avoir nourri sa famille, trouve moyen de laisser à ses enfants de l'argent et du bien.

» Il est vrai qu'ils n'ont pas toute l'année du fruit à pain ; mais les cocos, les bananes et beaucoup d'autres fruits suppléent à ce défaut.

» On imagine que la cuisine, chez ce peuple, n'est pas un art bien perfectionné. Ils n'ont que deux manières de préparer leurs aliments : l'une de les griller et l'autre de les cuire au four. L'opération de griller quelque chose est si simple qu'il n'est pas besoin de la détailler ici. Quant à leur manière de cuire au four, elle est excessivement bizarre. Ils apprêtent ainsi fort bien les cochons et les gros poissons, et, suivant nous, ils sont plus succulents et plus également cuits que dans nos meilleures cuisines d'Europe. Ils cuisent aussi du fruit à pain dans un four tout à fait différent des nôtres ; il s'adoucit alors et devient assez semblable à une pomme de terre bouillie, sans être pourtant aussi farineux qu'une pomme de terre de la meilleure espèce. Ils apprêtent le fruit à pain de trois manières : ils y mettent quelquefois de l'eau ou du lait de coco et le réduisent en pâte avec un caillou ; d'autres fois ils le mêlent avec des bananes mûres, ou ils en font une pâte aigrelette qu'ils appellent *mahié*. »

FABRICATION DES ÉTOFFES A TAITI.

» Ils ont grand soin de multiplier tous les arbres qui fournissent la matière des étoffes ; ils donnent surtout une attention particulière au mûrier, qui couvre la plus grande partie des terres cultivées. Quoique les étoffes composées de l'écorce de cet arbre soient différentes, elles sont cependant fabriquées de la même manière. Je me contenterai donc de décrire les procédés qu'ils emploient pour manufacturer la plus fine. Lorsque les arbres sont d'une grandeur convenable, on les arrache, on les dépouille de leurs branches et on en coupe ensuite les racines et les sommets. L'écorce étant fendue longitudinalement se détache avec facilité et lorsqu'on en a amassé une assez grande quantité, on la porte à un ruisseau d'eau vive et on l'y laisse tremper après l'avoir chargée de pierres pesantes, pour qu'elle ne soit pas entraînée par le courant. Quand on juge qu'elle est suffisamment macérée, les servantes vont au ruisseau, s'asseyant dans l'eau pour séparer l'écorce inférieure de la partie verte de l'épiderme ; elles placent à cet effet l'écorce inférieure sur une planche polie et aplatie : elles la râtissent très soigneusement avec la coquille que nos marchands appellent langue de tigre et elles la plongent continuellement dans l'eau jusqu'à ce qu'il ne reste plus rien que les belles fibres de cette écorce. Quand elle est ainsi préparée dans l'après-midi, elle est étendue le soir sur des feuilles de bananier. Il paraît que cette partie de l'ouvrage offre quelque difficulté, puisque la maîtresse de la maison est chargée de surveiller cette opération.

» On place les écorces l'une à côté de l'autre, sur une longueur de 10 à 12 mètres et une largeur d'environ 33 centimètres ; on en met deux ou trois couches l'une sur l'autre. On a grand soin que l'étoffe soit partout d'une égale épaisseur, et, s'il arrive que l'écorce soit plus mince dans un endroit que dans un autre d'une couche, on prend un morceau un peu plus épais pour le placer par-dessus dans la couche supérieure. L'écorce reste dans cet état jusqu'au lendemain matin : alors une plus grande partie de l'eau qu'elle contenait étant imbibée ou évaporée, les fibres adhèrent si bien ensemble que toutes les couches se lèvent de terre en une seule pièce.

» Après qu'on a ainsi levé la pièce, on la pose sur le côté poli d'une grande planche de bois préparée pour cet effet, et les servantes la battent avec des petits maillets d'environ 33 centimètres de long et 17 d'épaisseur, faits d'un bois dur que les insulaires appellent *étoa*. La forme de cet instrument ressemble assez à un cuir de forme carrée pour repasser les rasoirs, excepté que le manche est un peu plus long et que chacune des quatre faces est sillonnée de rainures et de lignes proéminentes, plus ou moins hautes ou profondes :

celles d'un des côtés sont de la grosseur d'un fil de soie et dans cet intervalles les autres diminuent par degrés.

» Ils battent d'abord l'écorce avec le côté du maillet où sont les plus grosses rainures, et ils frappent en cadence comme nos forgerons sur leur enclume. L'écorce s'étend très promptement sous les coups, et les rainures de l'instrument y laissent l'empreinte d'un tissu. On le bat successivement avec les autres côtés du maillet et l'on finit par le plus uni : alors l'étoffe sort achevée des mains de l'ouvrier. Quelquefois on applique plusieurs doubles de cet étoffe, qu'on bat avec le côté le plus uni du maillet : dans ce cas, elle s'amincit, devient presque aussi légère que de la mousseline et ils lui donnent le nom d'*hobou*. L'étoffe se blanchit très bien à l'air ; mais elle acquiert plus de blancheur et de douceur lorsqu'on la lave et qu'on la bat de rechef après qu'on l'a portée.

» Il y a plusieurs sortes de cette étoffe, de différents degrés de finesse, suivant qu'elle est plus ou moins battue, sans être doublée. Les autres étoffes sont aussi plus ou moins belles suivant qu'elles ont été battues ; mais elles diffèrent en même temps les unes des autres par les différents matériaux dont elles sont composées. On ne prend l'écorce de l'arbre à pain que lorsque les tiges sont beaucoup plus longues et plus épaisses que celles du figuier, qu'on emploie quand elles sont plus jeunes.

» Quand les Taïtiens veulent laver cette étoffe après qu'elle a été portée, ils la font tremper dans une eau courante, où ils la laissent pendant quelque temps, après l'avoir fixée au fond avec une pierre ; ils la tordent ensuite légèrement pour en exprimer l'eau. Quelquefois ils lui donnent une nouvelle fabrication : ils en mettent plusieurs pièces l'une sur l'autre et ils les battent ensemble avec le côté le plus raboteux du maillet. Elles deviennent d'une épaisseur égale à nos draps d'Angleterre et plus unies que ces draps, après qu'elles ont un peu servi, quoiqu'en sortant de dessous le maillet elles paraissent avoir été empesées.

» Cette étoffe se déchire quelquefois lorsqu'on la bat, mais on la raccommode aisément en y joignant un morceau avec une colle composée d'une certaine racine et cette opération se fait avec tant d'adresse qu'on ne s'en aperçoit pas. »

LE LEVER DU SOLEIL A TAITI.

« Dès la veille, les montagnes de ce pays désiré sortaient du milieu des nuages dorés par le coucher du soleil. Tout le monde, excepté un ou deux matelots qui ne pouvaient pas marcher, se rendit avec empressement sur le gaillard d'avant, pour contempler cette terre sur laquelle nous fondions tant d'espérances et qui enchante tous les navigateurs qui y ont abordé.

» Nous passâmes une nuit heureuse dans l'attente du matin. Nous résolûmes d'oublier les fatigues et l'inclémence du climat austral ; la tristesse qui s'était emparée de nous se dissipait ; l'image de la maladie et de la mort ne nous épouvantait plus.

» A la pointe du jour, nous jouîmes d'une de ces belles matinées que les poètes de toutes les nations ont essayé de peindre. Un léger souffle du vent nous apportait de la terre un parfum délicieux et ridait la surface des eaux. Les montagnes, couvertes de forêts, élevaient leurs têtes majestueuses, sur lesquelles nous apercevions déjà la lumière du soleil naissant. Plus près de nous on voyait une rangée de collines, d'une pente plus douce, mais boisées comme les premières et agréablement entremêlées de teintes vertes et brunes ; au pied, une plaine parée d'arbres à pain, au-dessus desquels s'élevait une quantité innombrable de palmiers, vrais souverains de ces bocages ravissants. Tout semblait dormir encore ; l'aurore ne faisait que poindre et une obscurité paisible enveloppait le paysage. Nous distinguions cependant des maisons parmi les arbres et des pirogues sur la grève. A un demi-mille du rivage, les vagues mugissaient contre un banc de rochers de niveau avec la mer et rien n'égalait la tranquilité des flots dans l'intérieur du havre. Quand l'astre du jour commença à éclairer la plaine, les insulaires se levèrent et animèrent peu à peu cette scène charmante. A la vue de nos vaisseaux, plusieurs se hâtèrent de lancer leurs pirogues et de venir à nous, qui avions tant de joie de les contempler. Nous ne pensions guère que nous allions courir le plus grand danger et que la destruction menacerait bientôt les vaisseaux et les équipages sur les bords de cette rive fortunée.

LES CAMPAGNES DE TAITI.

« Une grande variété de végétaux croît au milieu des plantations dans ce beau désordre de la nature, qui est réellement admirable, et qui surpasse infiniment la symétrie des jardins réguliers. Nous y avons trouvé plusieurs graminées, qui, quoique plus clair-semées que dans nos pays du nord, offraient cependant, en croissant à l'ombre, un lit de verdure d'une extrême mollesse et d'une fraîcheur remarquable ; elles entretenaient assez d'humidité dans le sol pour nourrir les arbres. De petits oiseaux remplissaient les bocages d'arbres à pain ; leur chant était très agréable, quoiqu'on dise communément en Europe (je ne sais pourquoi) que les oiseaux des climats chauds sont privés du don de l'harmonie. De très petits perroquets, d'un joli bleu de saphir, habitaient la cîme des cocotiers les plus élevés, tandis que d'autres, d'une couleur verdâtre et tachetés de rouge, se montraient plus ordinairement parmi les bananiers et souvent dans les habitations des Taïtiens, qui les apprivoisaient et qui estimaient beaucoup leurs plumes rouges. Un martin-pêcheur d'un vert sombre, avec un collier de la même couleur sur son cou blanc, un gros coucou et plusieurs sortes de pigeons ou de tourterelles, sautaient d'une branche à l'autre, tandis qu'un héron bleuâtre se promenait gravement sur le bord de la mer, mangeant des coquillages et des vers. Un beau ruisseau qui roulait ses ondes argentées sur un lit de cailloux descendait d'une vallée étroite et à son embouchure dans la mer offrait ses eaux aux gens de l'équipage qui étaient à terre pour remplir les futailles. En remontant ce ruisseau, je rencontrai une grosse troupe de Taïtiens qui suivaient trois hommes revêtus de différentes étoffes jaunes et rouges avec de jolis turbans de même couleurs. Chacun d'eux portait à la main un long bâton ou une baguette et le premier était accompagné d'une femme qu'on nous dit être son épouse. Je demandai qui étaient ces gens-là ; on me répondit que c'étaient les *Te-aponnis* ; mais remarquons que je n'entendais pas assez leur langue pour comprendre ce terme, on ajouta que c'étaient des *Tata-no t'eatoua*, des ministres du dieu et du moraï ou du temple. Je m'arrêtai quelque temps parmi eux ; et comme ils ne firent aucune cérémonie religieuse, je les quittai. »

ANTROPHOPHAGIE DANS LA NOUVELLE-ZÉLANDE.

« Lorsque nous allâmes à terre, ces Indiens étaient occupés à apprêter leurs aliments et ils faisaient cuire alors un chien dans leur four. Il y avait près de là plusieurs paniers de provisions. En jetant par hasard les yeux sur un de ces paniers, à mesure que nous passions, nous aperçûmes deux os entièrement rongés, qui ne nous parurent pas être des os de chien, et que nous reconnûmes pour des os humains après les avoir examinés de plus près. Ce spectacle nous frappa d'horreur, quoiqu'il ne fît que confirmer ce que nous avions ouï dire plusieurs fois depuis notre arrivée sur la côte. Comme il était sûr que nous venions de voir des os humains, il ne nous fut pas possible de douter que la chair qui les couvrait n'eût été mangée. On les avait trouvés dans un panier de provisions ; la chair qui restait semblait manifestement avoir été apprêtée au feu et l'on voyait sur les cartilages les marques des dents qui avaient mordu.

» Cependant, pour confirmer des conjectures que tout rendait si vraisemblables, nous chargeâmes Topia de demander ce que c'était que ces os. Les Indiens répondirent, sans hésiter en aucune manière, que c'étaient des os d'homme. On leur demanda ensuite ce qu'était devenue la chair, et ils répliquèrent qu'ils l'avaient mangée. « — Mais, dit Topia, pourquoi n'avez-vous pas mangé le corps de la femme que nous avons vu flotter sur l'eau ? — Cette femme répondirent-ils, est morte de maladie ; d'ailleurs elle était notre parente et nous ne mangeons que les corps de nos ennemis qui sont tués dans une bataille. » En nous informant qui était l'homme dont nous avions trouvé les os, ils nous dirent que, environ cinq jours auparavant, une pirogue montée par sept de leurs ennemis était venue dans la baie et que cet homme était un des sept qu'ils avaient tué.

» Quoiqu'il soit difficile d'exiger les plus fortes preuves que cette horrible coutume est établie parmi les habitants de cette côte, cependant nous allons en donner qui sont encore plus frappantes. L'un de nous leur demanda s'ils avaient quelques os humains où il y eût encore de la chair ; ils nous répondirent qu'ils l'avaient toute mangée. Comme nous feignîmes de ne pas croire que ce fussent des os d'homme et prétendîmes que c'étaient des os de chien, un des

Indiens saisit son avant-bras avec une sorte de vivacité, et, en l'avançant vers nous, il dit que l'os que tenait M. Banks dans sa main avait appartenu à cette partie du corps ; et, pour nous convaincre en même temps qu'ils en avaient mangé la chair, il mordit son propre bras et fit semblant de manger. Il mordit aussi et rongea l'os qu'avait pris M. Banks, en le passant à travers sa bouche et montrant par signes qu'il en avait mangé la chair avec un très grand plaisir ; il rendit ensuite l'os à M. Banks, qui l'emporta avec lui. Parmi les personnes de cette famille, nous vîmes une femme dont les bras, les jambes et les cuisses avaient été déchirés en plusieurs endroits d'une manière effrayante. On nous dit qu'elle s'était fait elle-même ces blessures comme un témoignage de la douleur que lui causait la mort de son mari, tué et mangé depuis peu par d'autres habitants qui étaient venus les attaquer d'un canton de l'île située à l'est, et que nos Indiens montraient avec le doigt. »

HABITATIONS DES ZÉLANDAIS.

« Leurs maisons sont les plus grossiers de leurs ouvrages ; à l'exception de la grandeur, elles égalent à peine les chenils d'Angleterre. Elles ont rarement plus de 6 à 7 mètres 67 centimètres de long, 3 ou 4 mètres de large et 2 de haut, depuis la perche qui se prolonge d'une extrémité à l'autre et qui forme le faîte, jusqu'à terre. La charpente est en bois et ordinairement de perches minces. Les parois et le toit sont composés d'herbes sèches et de foin, et le tout est joint ensemble avec bien peu de solidité. Quelques-uns sont garnis en dedans d'écorce d'arbre ; de sorte que dans un temps froid elles doivent procurer un très bon abri. Le toit est incliné comme celui de nos granges. La porte est à une des extrémités et n'a que la hauteur suffisante pour admettre un homme qui se traîne sur ses mains et ses genoux pour y entrer. Près de la porte est un trou carré qui sert à la fois de fenêtre et de cheminée ; car le foyer est à cette extrémité, à peu près au milieu de l'habitation et entre les deux côtés. Dans quelque partie visible et ordinairement près de la porte, ils attachent une planche couverte de sculptures à leur manière. Cette planche a pour eux autant de prix qu'un tableau en a pour nous. Les parois et le toit s'étendent à environ 67 centimètres au-delà de chaque extrémité, de manière qu'ils forment une espèce de porche garnie de bancs pour l'usage de la famille. La partie du sol destinée pour le foyer est enfermée dans un carré creux par de petites cloisons de bois ou de pierre ; c'est au milieu qu'on allume le feu. Le long des parois ils étendent à terre un peu de paille sur laquelle ils se couchent.

« Leurs meubles et ustensiles sont en petit nombre ; un coffre les contient ordinairement tous, et si l'on en excepte leurs paniers de provisions, les calebasses où ils conservent de l'eau douce et les maillets dont ils battent leurs racines de fougère, ceux-ci sont déposés communément en dehors de la porte. Quelques outils grossiers, leurs habits, leurs armes et les plumes qu'ils mettent dans leurs cheveux, composent le reste de leurs trésors. Ceux qui sont d'une classe distinguée et dont la famille est nombreuse, ont trois ou quatre habitations renfermées dans une cour ; les cloisons en sont faites avec des perches et du foin et ont environ 3 ou 4 mètres de hauteur. »

PARTIE DU COSTUME DES ZÉLANDAIS.

« Les deux sexes percent leurs oreilles et en agrandissent les trous de manière qu'on peut y faire entrer au moins un doigt. Ils passent dans ces trous des ornements de différentes espèces, de l'étoffe, des plumes, des os de grands animaux et quelquefois un petit morceau de bois. Ils y mettaient ordinairement les clous que nous leur donnions, ainsi que toutes les autres choses qu'ils pouvaient y porter. Quelques femmes y mettent le duvet de l'albatros, qui est aussi blanc que la neige, et qui, étant relevé par devant et par derrière le trou en une touffe presque aussi grosse que le poing, forme un coup d'œil très singulier, et qui, quoique étrange, n'est pas désagréable. Outre les parures qu'ils font entrer dans les trous des oreilles, ils y suspendent, avec des cordons, plusieurs autres objets, tels que des ciseaux ou des aiguilles de tête de talc vert, auxquels ils mettent un très haut prix, des ongles et des dents de leurs parents défunts, des dents de chien et toutes les autres choses dont ils peuvent se procurer et qu'ils regardent comme étant de quelque valeur. Les femmes portent aussi des bracelets et des colliers composés d'os d'oiseaux, de coquillages et d'autres substances qu'elles prennent et qu'elles enfilent en chapelet. Les hommes suspendent quelquefois à un cordon qui tourne autour de leur cou un morceau de talc vert ou d'os de baleine, à peu près de la forme d'une langue et sur lequel on a grossièrement sculpté la figure d'un homme. Ils estiment fort cet ornement.

» Nous avons vu un Zélandais dont le cartilage du nez était percé ; il y avait passé une plume qui s'avançait en saillie sur chaque joue, il est probable qu'il avait adopté cette singularité bizarre comme un ornement ; mais parmi les Indiens que nous avons rencontrés, aucun n'en portait de semblable ; nous n'avons pas même remarqué à leur nez de trou qui pût servir à un pareil usage.

» Leur peau, dit-il en parlant d'une peuplade voisine, était tellement couverte de boue et d'ordures qu'il était très difficile d'en connaître la véritable couleur. Nous avons essayé plusieurs fois de a frotter avec les doigts mouillés pour en ôter la croûte, mais toujours inutilement. Ces ordures les font paraître presque aussi noirs que des nègres, et suivant que nous pouvions en juger, leur peau est couleur de suie ou couleur de chocolat. Leurs traits sont bien loin d'être désagréables : ils n'ont ni le nez plat, ni les lèvres grosses ; leurs dents sont blanches et égales, leurs cheveux naturellement longs et noirs ; ils les portent très courts ; en général ils sont lisses ; quelquefois ils bouclent légèrement. Nous n'en avons point aperçu qui ne fussent fort mêlés et sales, quoiqu'ils n'y mettent ni huile, ni graisse. A notre grande surprise, ils étaient exempts de vermine. Leur barbe est de la même couleur que leurs cheveux, touffue et épaisse. Ils ne la laissent cependant pas croître très longue. Nous rencontrâmes un jour un homme qui avait la barbe plus grande que ses compatriotes ; nous observâmes le lendemain qu'elle était un peu plus courte, et, en l'examinant, nous reconnûmes que l'extrémité des poils avait été brûlée. Ce fait, joint à ce que nous n'avons jamais découvert parmi eux aucun instrument à couper, nous fit conclure qu'ils tiennent leur barbe et les cheveux courts en les brûlant.

« Leur principale parure consiste dans l'os qu'ils enfoncent à travers la cloison du nez. Toute la sagacité humaine ne peut pas expliquer par quel renversement de goût ils ont pensé que c'était un ornement et ce qui a pu les porter à souffrir la douleur et les incommodités qu'entraîne nécessairement cet usage, en supposant qu'ils ne l'aient pas adopté de quelque autre nation. Cet os est aussi gros que le doigt, et, comme il a 16 centimètres de long, il croise entièrement le visage et bouche si bien les narines qu'ils sont obligés de tenir la bouche tout ouverte pour respirer : aussi nasillent-ils tellement lorsqu'ils veulent parler qu'ils se font à peine entendre les uns des autres. Nos matelots appelaient cet os, en plaisantant, la *vergue de civadière*, et véritablement il formait un coup d'œil si bizarre que, avant d'y être accoutumés, il nous fut très difficile de ne pas en rire. Outre ce bijou, ils ont des colliers faits de coquillages taillés et attachés ensemble très proprement : des bracelets de petites cordes qui forment deux ou trois tours sur la partie supérieure du bras, et autour des reins un cordon de cheveux tressés. Quelques-uns portaient en outre des espèces de hausse-cols faits de coquilles et tombant sur la poitrine.

» Quoique ces peuples n'aient pas d'habillements, leurs corps, outre l'ordure et la boue, a encore un autre enduit, car ils le peignent de blanc et de rouge. Ils mettent ordinairement le rouge en larges taches sur les épaules et sur la poitrine et le blanc en raies, les unes étroites et les autres larges : les étroites sont placées sur les bras, les cuisses et les jambes et les larges sur le reste du corps. Ce dessin ne manque pas absolument de goût. Ils appliquent aussi de petites taches de blanc sur le visage et en forment un cercle autour de chaque œil. Le rouge semblait être de l'ocre, mais nous n'avons pas pu découvrir quelle substance composait leur blanc. Il était en petits grains, ferme, savonneux au toucher et presque aussi pesant que du blanc de plomb : c'était peut-être une pierre de stéatite ; mais, à notre grand regret, nous n'avons pas pu nous en procurer un seul morceau pour l'examiner. Quoiqu'ils aient les oreilles percées, nous n'y vîmes point de pendants. Ils attachaient un si grand prix à tous leurs ornements, qu'ils ne voulurent nous en céder aucun, malgré tout ce que nous leur en offrîmes ; ce qui était d'autant plus extraordinaire que nos verroteries et nos rubans pouvaient également leur servir de parure, qu'ils étaient d'une forme plus régulière et que la matière en était plus brillante. »

USAGES AUX ILES DES AMIS.

« La méthode ordinaire de se saluer est de toucher ou de frotter avec son nez celui de la personne qu'on aborde, comme à la Nouvelle-Zélande. Ils déploient un pavillon blanc en signe de paix à l'égard des étrangers. Mais les insulaires qui vinrent les premiers à bord apportèrent des plants de poivre, et, avant de monter, il les envoyèrent dans le vaisseau, témoignage de bienveillance le plus solennel que l'on puisse désirer. Leur franchise, lorsqu'ils montèrent sur nos bords et nous reçurent à terre, me fait penser que des alarmes étrangères ou domestiques ne troublent pas souvent la paix dont ils jouissent. Ils ont cependant des armes formidables, des massues et des piques de bois dur, des arcs et des traits. La forme de leurs massues de 1 mètre à 1 mètre 67 centimètres de long, varie beaucoup. Leurs arcs et leurs traits sont assez mauvais ; les premiers sont très minces, et les seconds d'un faible roseau garni de bois dur à la pointe. Quelques-unes de leurs piques ont plusieurs barbes et elles doivent être fort dangereuses quand elles portent coup.

» Ils observent un singulier usage : ils mettent sur leur tête tout ce qu'on leur donne. Nous pensâmes que c'est une manière de remercier. On les exerce à cette politesse dès l'enfance, car, lorsque nous offrions quelque chose aux petits enfants, la mère élevait la main de l'enfant au-dessus de sa tête. Ils suivaient même cette coutume dans leurs échanges avec nous ; ils portaient toujours à leur tête tout ce que nous leur vendions, comme si nous le leur avions accordé pour rien. Quelquefois ils examinaient nos marchandises et ils les rendaient si elles ne leur convenaient pas ; mais quand ils les portaient à leur tête le marché était irrévocablement conclu.

» Les ornements communs aux deux sexes sont des amulettes, des colliers et des bracelets d'os, de coquillages, de nacre, de perle, d'écaille de tortue, etc. Les femmes mettent d'ailleurs à leurs doigts des anneaux d'écaille très bien faits et à leurs oreilles des rouleaux de la même matière, de la grosseur d'une plume ; quoiqu'elles aient toutes les oreilles percées, en général elles y portent peu de pendants. Elles se parent aussi quelquefois d'un tablier fait des fibres extérieures de la coque du coco et parsemé d'un certain nombre de petits morceaux d'étoffe joints ensemble, de manière qu'ils forment des étoiles, des demi-lunes, des carrés, etc. Il est en outre garni de coquillages et couvert de plumes rouges ; il produit un effet agréable. Ils fabriquent la même étoffe et de la même manière qu'à Taïti, quoiqu'ils n'en aient pas autant d'espèces différentes et qu'elle ne soit pas si fine ; mais leur méthode de la vernir est plus durable et elle résiste quelque temps à la pluie, avantage que n'a pas celle de Taïti. Ils la teignent en noir-brun, pourpre, jaune et rouge ; ils tirent leurs couleurs des végétaux. Ils font différentes nattes : les unes d'une très belle texture, dont ils se vêtent communément ; d'autres plus grossières et plus épaisses, sur lesquelles ils se couchent et qu'ils emploient à la voilure de leurs pirogues, etc. Au nombre de leurs meubles utiles il faut compter les paniers, les uns de la même matière que leur nattes et d'autres de fibres de cocos entrelacées. Ils s'usent peu et sont très beaux, ordinairement de diverses couleurs et embellis de coquillages ou d'ossements. Leurs ouvrages montrent qu'ils ont du goût pour le dessin et qu'ils ont l'adresse d'exécuter tout ce qu'ils entreprennent. »

MÈRES DE LA NOUVELLE-ZÉLANDE.

« Je fus témoin, dit un compagnon de Cook, d'un fait qui prouve la férocité des mœurs de cette nation sauvage. Un petit garçon d'environ six ou sept ans demanda un morceau de pingouin grillé que sa mère tenait à la main ; comme elle ne le lui accorda pas tout de suite, il prit une grosse pierre qu'il lui jeta à la tête. La femme se mit en colère et courut pour le châtier ; mais dès qu'elle lui eût donné le premier coup, son mari s'avança, la battit impitoyablement, la renversa à terre et la foula aux pieds, parce qu'elle avait voulu punir un enfant dénaturé. Ceux de nos gens qui remplissaient les futailles dirent à mon père qu'ils voyaient souvent de pareils exemples de cruauté et surtout des fils qui frappaient leurs mères, tandis que le père la guettait pour la battre si elle entreprenait de se défendre ou de châtier son enfant. Le sexe le plus faible est maltraité chez toutes les nations sauvages ; on n'y connaît d'autre loi que celle du plus fort. Les femmes sont des esclaves qui font tous les travaux et sur lesquelles se déploient toute la sévérité du mari. Il semble que les Zélandais portent cette tyrannie à l'excès. On apprend aux garçons, dès leur bas âge, à mépriser leur mère. »

Que les femmes bénissent donc cette religion qui les a réhabilitées et les a véritablement rendues compagnes de l'homme. Partout où la vierge Marie n'a pas d'autels, on est sûr de trouver le sexe condamné au malheur, à la peine, à l'avilissement !

HABITANTS DE LA TERRE-DE-FEU.

« La Terre-de-Feu, dit Cook, offre l'aspect le plus sauvage, le plus stérile et le plus désolé que j'aie jamais vu. Elle semble entièrement composée de rochers et de montagnes, sans la moindre apparence de végétation. Ces montagnes se terminent par des précipices horribles, dont les bords escarpés s'élèvent à une hauteur prodigieuse. Les montagnes de l'intérieur étaient couvertes de neige ; celles de la côte en étaient dégagées. Nous jugeâmes que les premières appartenaient à la Terre-de-Feu et que les autres étaient des îles rangées de manière à présenter l'apparence d'une côte continue.

» Les habitants sont petits, laids et très maigres ; ils ont les yeux fort petits et sans expression, les cheveux noirs et lisses flottant en désordre et barbouillés d'huile. Ils n'avaient sur le menton que quelques poils clair-semés et leur nez répandait continuellement du *mucus* dans leur bouche ouverte : toute leur figure annonçait la misère et la saleté la plus horrible. Leurs épaules et leur estomac sont larges et osseux et le reste de leur corps si mince et si grêle, qu'en voyant séparément ces différentes parties nous ne pouvions croire qu'elles appartinssent à la même personne ; leurs jambes étaient arquées et leurs genoux d'une largeur disproportionnée. Je n'en ai pas vu un seul de grand. Ils étaient presque nus ; une peau de phoque leur servait de vêtement ; quelques-uns en portaient deux ou trois cousues ensemble, de manière qu'elles formaient un manteau qui descendait jusqu'au genou ; mais la plupart n'en avaient qu'une seule, assez large pour couvrir leurs épaules. Les femmes sont vêtues comme les hommes.

» Je remarquai de loin que les femmes avaient autour de leur cou un grand nombre de coquillages suspendus à un cordon de cuir et que leur tête était couverte d'une espèce de bonnet composé de grandes plumes d'oies blanches, placées toutes droites ; de sorte que cette parure ressemblait aux fontanges françaises du dernier siècle. Leur teint naturel paraissait être d'un brun olivâtre, luisant comme le cuivre ; le visage de plusieurs était bariolé de raies de peinture rouge et quelquefois blanche. J'observai deux enfants à la mamelle entièrement nus : par là on les endurcit dès leur naissance à la fatigue et au froid. Les enfants ne prononcent guère que le mot *pécherei*, que nous prîmes quelquefois pour un terme de tendresse et d'autres fois pour une expression de malaise ou de douleur. Ces Indiens avaient des arcs, des traits et des dards, ou plutôt des harpons d'os placés au bout d'un bâton. Je crois qu'avec ces armes ils tuent des phoques, des poissons et peut-être aussi des baleines, comme le font les Esquimaux.

» Leurs pirogues étaient très grossières et d'écorce d'arbre ; de petits bâtons servaient à maintenir la courbure de l'écorce. Leurs pagaies étaient mauvaises et ils manœuvraient fort lentement.

» Chaque canot contenait de cinq à huit personnes y compris les enfants. Bien différents de tous les insulaires du Grand-Océan, ils gardaient un profond silence en approchant du vaisseau. Ceux qui montèrent à bord ne témoignèrent pas la moindre curiosité ; ils ne parurent charmés de rien ; ils acceptèrent des grains de verroterie sans reconnaissance et sans y mettre aucun prix ; ils nous abandonnèrent avec la même indifférence leurs armes et leurs peaux de phoques déchirées. Ils ne semblaient pas même regarder notre supériorité sur eux et nous ne surprîmes pas dans leurs regards ni dans leurs gestes un seul signe d'admiration à la vue de tous les objets que contient un vaisseau, toujours merveilleux aux yeux des sauvages. Tout en eux annonçait la stupidité et l'insouciance. Nous leur fîmes en vain les gestes que les plus misérables insulaires du Grand-Océan avaient aisément compris. Ils ne montrèrent pas la moindre envie de nous instruire de leur langage ; et comme aucune de nos richesses n'excitait leurs désirs, ils ne prenaient pas de peine pour se faire comprendre.

» Ces sauvages, en mangeant la chair de phoque pourrie, préféraient la partie huileuse, et la seule attention qu'ils eurent pour les matelots fut de leur en offrir. Tous les peuples des hautes latitudes aiment cette huile par instinct; on dit qu'elle réchauffe leurs corps contre la rigueur du froid. Les vêtements, les armes, les ornements, les ustensiles et tout le corps de ces sauvages exhalaient une puanteur si insupportable que nous ne pouvions demeurer longtemps parmi eux : les yeux fermés nous les sentions à une distance considérable.

» Nous n'avons remarqué aucune espèce de subordination parmi ces sauvages : leur vie approche plus de celle des brutes que de celle d'aucune autre nation. Il est très probable que ce sont de malheureux proscrits de quelque tribu voisine qui mènent une vie plus douce, et que, réduits à vivre dans cette partie sauvage de la Terre-de-Feu, ils ont insensiblement perdu toutes leurs idées, excepté celles que renouvellent sans cesse les besoins les plus pressants. Ils errent peut-être cherchant de la nourriture d'une baie ou d'un golfe à l'autre, car nous avons lieu de croire qu'ils passent leur hiver dans le canton le moins rigoureux de cet horrible pays.

» Ils se retirèrent tous avant dîner et ne partagèrent pas notre régal de Noël. Je crois que personne ne les y invita, car leur saleté et leur puanteur suffiraient pour ôter l'appétit à l'Européen le plus vorace. »

HUTTES ET VILLAGES DANS LA NOUVELLE-ZÉLANDE.

« Un grand nombre de familles, dit Cook, arrivèrent de différentes parties de la côte et s'établirent près de nous. Excepté l'espace que renfermait notre petit camp, tous les terrains de cette anse où l'on pouvait dresser une hutte se trouvèrent occupés. Ils ne nous disputèrent point celui que nous avions pris, mais ils vinrent y enlever les débris de quelques vieilles cabanes et ils se servaient des matériaux pour en construire de nouvelles.

» On est étonné de la promptitude avec laquelle ils construisent ces huttes. J'en ai vu élever plus de vingt sur un espace qui une heure auparavant était couvert d'arbrisseaux et de plantes. Ils apportent ordinairement avec eux une partie des matériaux et ils trouvent le reste sur les terrains qu'ils choisissent. J'ai assisté au débarquement d'une petite peuplade et à la construction d'un de ces villages. Au moment où les pirogues atteignirent le rivage, les hommes sautèrent à terre ; ils se mirent en possession du terrain en arrachant les arbres et arbrisseaux et en dressant une partie de la charpente des huttes sans perdre une minute. Ils retournèrent ensuite à leurs pirogues, débarquèrent leurs armes et les déposèrent contre un arbre, de manière à pouvoir les saisir en un instant. J'observai qu'aucun d'eux ne négligea cette précaution.

» Tandis que les hommes construisaient les cabanes, les femmes ne demeuraient pas oisives : quelques-unes veillaient sur les pirogues, d'autres sur les provisions et le petit nombre des ustensiles ; d'autres rassemblaient du bois sec pour faire du feu et préparer le dîner. Les enfants et les vieillards furent assez occupés pendant ce temps ; je leur jetai des grains de verroterie et toutes les bagatelles que j'avais dans mes poches ; le plus adroit les ramassait et ce petit jeu les divertit beaucoup.

» Ces huttes passagères les garantissent très bien du vent et de la pluie : c'est tout ce qu'ils veulent. Je remarquai qu'en général, peut-être toujours, la même tribu ou famille, quelque nombreuse qu'elle soit, s'associe et élève des cabanes communes. Aussi avons-nous vu fréquemment leurs villages, ainsi que celles de leurs bourgades qui se trouvent plus étendues, partagés en différents quartiers par des palissades de peu de hauteur et par des barrières. »

VENGEANCES DANS LA NOUVELLE-ZÉLANDE.

« Les habitants de la Nouvelle-Zélande vivent dans des transes continuelles. La plupart des tribus croient avoir essuyé des injustices et des outrages de leurs voisins ; elles épient sans cesse l'occasion de se venger. Ces sauvages aiment beaucoup à manger la chair de leurs ennemis tués dans les batailles, et le désir de cet abominable repas est peut-être une des principales causes de leur ardeur dans les combats. On m'a dit qu'ils attendent quelquefois bien des années un moment favorable et qu'un fils ne perd jamais de vue l'injure faite à son père. Pour exécuter leur horrible dessein, ils se glissent pendant les ténèbres au milieu de leurs ennemis ; ils les surprennent, ce qui, je crois, arrive peu, ils leur donnent la mort à tous et n'épargnent pas même les femmes et les enfants. Lorsque le massacre est achevé, ils mangent les vaincus sur le lieu même où s'est passée la boucherie, ou bien ils emportent autant de cadavres qu'ils le peuvent et ils s'en régalent chez eux avec une brutalité trop dégoûtante pour la décrire ici. S'ils sont découvert avant d'avoir exécuté leur sanglant projet, ils s'enfuient ordinairement. Alors on les poursuit et on les attaque quelquefois à leur tour. Ils ne connaissent point cette modération qui donnent quartier ou qui fait des prisonniers ; en sorte que les vaincus ne peuvent mettre leurs jours à couvert que par la fuite.

» Cet état perpétuel de guerre et cette manière de la conduire, si destructive de la population, les rend très vigilants et il est rare de rencontrer le jour ou la nuit, un Zélandais qui ne soit pas sur ses gardes. Il est impossible de rien ajouter aux motifs qui excitent leur vigilance. La conservation de leur vie et leur bonheur dans l'autre monde en dépendent : car, selon leur système religieux, l'âme de l'homme dont le corps est mangé par l'ennemi est condamné au feu éternel, tandis que les âmes dont les corps ont été arrachés des mains des meurtriers, ainsi que les âmes de ceux qui meurent de mort naturelle, vont habiter avec les dieux. Je leur demandai s'ils mangeaient ceux de leurs amis qui étaient morts à la guerre, mais dont les corps ne tombaient pas au pouvoir de l'ennemi. Ils me répondirent que non et parurent étonnés de ma question ; ils témoignèrent même une sorte d'horreur pour l'idée qu'elle présentait. Ils enterrent communément leurs morts ; mais, s'ils ont tué plus d'ennemis qu'ils ne peuvent en manger, ils les jettent à la mer. »

COMBATS A HAPPAI. — FEMMES.

« Des guerriers, armés de massues de cocotier, pénétrèrent dans l'enceinte et défilèrent devant nous. Après avoir fait des évolutions durant quelques minutes, ils se retirèrent la moitié d'un côté et le reste de l'autre et ils s'assirent. Ils entrèrent bientôt en lice et ils nous donnèrent le spectacle de plusieurs combats singuliers. Un champion se levait, s'avançait fièrement, et, par des gestes expressifs, plutôt qu'avec des paroles, il proposait un défi à la troupe opposée. Si l'on acceptait le cartel, ce qui arrivait ordinairement, les deux champions se mettaient en attitude de combattre et se chargeaient mutuellement jusqu'à ce que l'un ou l'autre avouât sa défaite, ou jusqu'à ce que leurs armes fussent brisées. A la fin de ces combats, le vainqueur venait s'accroupir devant le chef ; il se relevait ensuite et s'éloignait. Sur ces entrefaites, quelques vieillards qui paraissaient les juges du camp lui donnaient des éloges en peu de mots et les spectateurs, surtout ceux qui étaient du côté du vainqueur célébraient sa victoire par deux ou trois exclamations de joie.

» Il y eut de temps en temps quelques minutes d'intervalles d'un combat à l'autre. Ces entr'actes furent remplis par des combats de lutte et de pugilat. Les premiers ressemblaient entièrement à ceux de Taïti et les seconds différaient peu de ceux de la populace d'Angleterre. Ce qui nous étonna le plus fort fut de voir deux grosses femmes arriver au milieu de la lice et se charger à coups de poing, sans aucune cérémonie, avec autant d'adresse que les hommes. Leur combat ne dura pas plus d'une demi-minute et l'une d'elles s'avoua vaincue. L'héroïne victorieuse reçut de l'assemblée les applaudissements qu'on donnait aux hommes dont la force ou la souplesse avaient triomphé de leur rival. Nous témoignâmes du dégoût pour cette partie de la fête ; mais notre improbation n'empêcha pas deux jeunes filles de se présenter sur l'arène ; elles paraissaient avoir du courage et elles se seraient sûrement porté des coups vigoureux, si deux vieilles femmes n'étaient pas venues les séparer. Ces divers combats eurent lieu en présence au moins de trois mille personnes, et les champions montrèrent beaucoup de bonne humeur : cependant hommes et femmes reçurent des coups dont ils durent se ressentir longtemps. »

OUTILS ET INDUSTRIE DES HABITANTS DES ILES DES AMIS.

« Des haches d'une terre noire et polie qu'on trouve en abondance à Toufoua, des dents de requin fixées sur de petits manches qui tiennent lieu de tarière, des limes composées de la peau grossière d'une espèce de poisson; attachées à des morceaux de bois aplatis, plus minces d'un côté que de l'autre et garnies aussi d'un manche, sont les seuls outils dont ils se servent pour construire leurs pirogues. Ces embarcations, qui sont les plus parfaits de leurs ouvrages mécaniques, leur coûtent beaucoup de temps et de travail et on ne doit pas s'étonner s'il en prennent tant de soin. Ils les construisent et ils les gardent sous des hangars, et, lorsqu'ils les laissent sur la côte, ils en couvrent le pont de feuilles de cocotiers, afin de les garantir du soleil.

» Si j'en excepte diverses coquilles qui leur tiennent lieu de couteaux, ils n'emploient jamais d'autres outils. Au reste, ils ne doivent sentir la faiblesse et l'incommodité de leurs instruments que dans la construction des pirogues ou la fabrique de quelques-unes de leurs armes, car ils ne font guère d'ailleurs que des instruments de pêche et des cordages.

» Ils tirent leurs cordages des fibres du coco. Ces fibres n'ont que 30 centimètres de long; mais ils les joignent l'une à l'autre en les tressant. Ils en font aussi des ficelles de l'épaisseur d'une plume et d'une très grande longueur, qu'ils roulent en pelotes, puis ils en tordent plusieurs ensemble pour faire de gros cordages. Leurs lignes de pêche sont aussi fortes et aussi unies que les meilleures des nôtres. De grands et de petits hameçons forment le reste de leur attirail de pêche; les derniers sont en entier de nacre, de perle, mais les premiers en sont seulement recouverts. La pointe des uns et des autres est ordinairement d'écaille de tortue ; celles des petits est simple et celle des grands barbelée. Ils prennent avec les grands des bonites et des thons : pour cela ils adaptent à un roseau de bambou de 3 à 4 mètres de long l'hameçon suspendu à une ligne de la même longueur ; le bambou est assujetti par une pièce de bois entaillée, posée à l'arrière de la pirogue et à mesure que l'embarcation s'avance elle traîne sur la surface de la mer, sans autre appât qu'une touffe d'une espèce d'étoupe qui se trouve près de la pointe. Ils possèdent aussi un grand nombre de petites sennes, dont quelques-unes sont d'une texture très délicate ; ils s'en servent pour pêcher dans les trous des récifs au moment du reflux.

» Les autres ouvrages mécaniques sont surtout des flûtes de roseau composées, des flûtes simples, des armes de guerre et des escabelles qui leur tiennent lieu de coussins. Les armes qu'ils fabriquent sont des massues de différentes espèces, dont la sculpture prend beaucoup de temps, des piques et des dards. Ils ont des arcs et des flèches qui semblent destinés seulement à leurs plaisirs, à la chasse des oiseaux par exemple, et non à tuer leurs ennemis. »

CROYANCES DES HABITANTS DES ILES DE LA SOCIÉTÉ.

« Le système religieux de ces îles est fort étendu et singulier sur un grand nombre de points ; mais peu d'individus du bas peuple le connaissent parfaitement ; cette connaissance se trouve surtout parmi les prêtres, dont la classe est très nombreuse. Ils croient qu'il existe plusieurs dieux, dont chacun est très puissant ; mais ils ne paraissent pas admettre une divinité supérieure aux autres. Les différents cantons et les diverses îles des environs ayant des dieux divers, les habitants de chacun de ces cantons et de chacune de ces terres imaginent sans doute avoir choisi le plus respectable, ou du moins une divinité revêtue d'assez de pouvoir pour les protéger et pour fournir à tous leurs besoins. Si ce dieu ne satisfait pas leurs espérances, ils ne pensent pas qu'il soit impie d'en changer. C'est ce qui est arrivé dernièrement à Tierrébou, où l'on a substitué aux deux divinités anciennes Oraa, dieu de Bolabola, peut-être parce qu'il est le protecteur d'un peuple qui a été triomphant à la guerre ; comme depuis cette époque ils ont eu des succès contre les habitants de Taïti-noué, ils attribuent leurs victoires à Oraa, qui, selon leur expression, combat pour eux.

» Ils servent leurs dieux avec une assiduité remarquable. Outre que les grands ouhattas, c'est-à-dire les endroits de moraïs (temples) où l'on dépose les offrandes, sont ordinairement chargés d'animaux et de fruits, on rencontre peu de maisons qui n'en aient pas un petit dans leur voisinage. Les habitants des îles de la Société sont sur ces matières d'une rigidité si scrupuleuse qu'ils ne commencent jamais un repas sans mettre de côté un morceau pour l'étoua (leur dieu). Le sacrifice humain, dont nous avons été témoins durant ce voyage, montre assez jusqu'où ils portent leur zèle religieux et leur fanatisme. Il paraît sûr que les sacrifices humains reviennent fréquemment. Ils ont peut-être recours à cet expédient abominable quand ils éprouvent des contre-temps fâcheux, car ils nous demandèrent si l'un de nos gens, détenu en prison à l'époque où nous nous trouvions arrêtés par des vents contraires, était méchant. Les prières sont aussi très fréquentes; ils les chantent à peu près sur le même ton que les ballades de leurs jeux. On aperçoit encore l'infériorité des femmes dans les pratiques religieuses : on les oblige à se découvrir en partie lorsqu'elles passent devant les moraïs, ou a faire un long détour pour éviter les lieux destinés au culte public. Quoiqu'ils ne croient pas que leur dieu doive toujours leur accorder des biens, sans jamais les oublier et sans permettre qu'il leur arrive du mal, cependant, lorsqu'ils essuient des malheurs, ils semblent y voir les effets d'un être malfaisant qui veut leur nuire. Ils disent qu'Eti est un esprit malfaisant qui leur fait quelquefois du mal; ils lui présentent des offrandes, ainsi qu'à leur dieu; mais ce qu'ils redoutent des êtres invisibles se borne à des choses purement temporelles.

» Ils croient que l'âme est immatérielle et immortelle; ils disent qu'elle voltige autour des lèvres du mourant pendant la dernière agonie et qu'elle monte ensuite près du dieu, qui la réunit à sa propre substance, ou, selon leur expression, qui la mange; qu'elle demeure quelque temps dans cet état; qu'elle passe ensuite au lieu destiné à la réception de toutes les âmes humaines; qu'elle y vit au milieu d'une nuit éternelle, ou, comme ils le disent quelquefois, au milieu d'un crépuscule qui ne finit jamais. Ils ne pensent pas que les crimes commis sur la terre subissent après la mort un châtiment éternel, car le dieu mange indifféremment les âmes des bons et celles des méchants. Mais il est sûr qu'ils regardent cette réunion à la divinité comme une purification nécessaire pour arriver à l'état du bonheur. En effet, selon leur doctrine, si un homme s'impose des privations quelques mois avant de mourir, il passe tout de suite dans sa demeure éternelle, sans avoir besoin de cette union parlementaire; ils imaginent qu'il est assez purifié par cette abstinence et affranchi de la loi générale.

» Toutefois ils sont loin de se former sur le bonheur de l'autre vie les idées sublimes que nous offre notre religion et même notre raison. L'immortalité est le seul privilége important qu'ils semblent espérer : car, s'ils croient que les âmes dépouillées de quelques-unes des passions qui les animaient tandis qu'elles se trouvaient réunies au corps, ils ne supposent pas qu'elles en soient absolument affranchies. Aussi les âmes qui ont été ennemies sur la terre se livrent-elles des combats lorsqu'elles se rencontrent; mais il paraît que ces démêlés n'aboutissent à rien, puisqu'elles sont réputées invulnérables. Ils ont la même idée de la rencontre d'un homme et d'une femme. Si le mari meurt le premier, il reconnaît l'âme de son épouse dès le moment où elle arrive dans la terre des esprits ; il se fait reconnaître dans une maison spacieuse appelée *Taourova*, où se rassemblent les âmes des morts pour se divertir avec les dieux. Les deux époux vont ensuite occuper une habitation séparée, où ils demeurent à jamais au milieu de leur famille qu'ils ne cessent d'augmenter.

» Leurs idées sur la divinité sont d'une extravagance absurde. Ils la croient soumise au pouvoir de ces mêmes esprits à qui elle a donné l'être. Ils s'imaginent que ces esprits la mangent souvent ; mais ils lui supposent la faculté de se reproduire. Ils emploient sans doute ici l'expression de *manger* parce qu'ils ne peuvent parler des choses immatérielles sans recourir à des objets matériels. Ils ajoutent que la divinité demande aux esprits assemblés dans la taourova s'ils ont le projet de la détruire, que si les esprits ont pris cette résolution, elle ne peut la changer. Les habitants de la terre se croient instruits de ce qui se passe dans la religion des esprits ; car à l'époque où la lune est dans son déclin, ils disent que les esprits mangent leur éatoua et que la reproduction de l'éatoua avance lorsque la lune est dans son plein. Les dieux les plus puissants sont sujets à cet accident, ainsi que les divinités subalternes. Ils pensent aussi qu'il y a d'autres endroits destinés à recevoir les âmes après la mort. Ceux, par exemple, qui se noient dans la mer y demeurent au sein des flots ; ils y trouvent un beau pays, des maisons et tout ce qui peut les rendre heureux. Ils soutiennent de plus que tous les animaux, que les arbres, les fruits et même les pierres ont des âmes qui, à l'instant de la mort ou de la dissolution, montent auprès de la divinité, à laquelle ces substances s'incorporent d'abord, pour passer ensuite dans la demeure particulière qui leur est destinée.

» Ils sont persuadés que la pratique exacte de leurs devoirs religieux leur procure toutes sortes d'avantages temporels ; et comme ils assurent que l'action puissante et vivifiante de l'esprit de Dieu est répandue partout, on ne doit pas s'étonner s'ils ont une foule d'idées superstitieuses sur ses opérations. Ils disent que les morts subites et tous les autres accidents, sont l'effet de l'action immédiate de quelque divinité. Si un homme se heurte contre une pierre et se blesse l'orteil, ils attribuent la meurtrissure à l'éatoua; en sorte que selon leur mythologie, ils marchent réellement sur une terre enchantée. Ils tressaillent pendant la nuit lorsqu'ils approchent d'un toupapaou, où sont exposés les morts, ainsi que les hommes ignorants et superstitieux de nos contrées de l'Europe redoutent les esprits à la vue d'un cimetière. Ils croient aussi aux songes, qu'ils prennent pour des avis de leur dieu ou des esprits de leurs amis défunts, et ils supposent le don de prédire l'avenir à ceux qui ont des rêves; au reste, ils n'attribuent qu'à quelques personnes ce don de prophétie. Un des chefs prétendait l'avoir : il nous dit, le 26 juillet 1776, que l'âme de son père l'avait averti en songe qu'il descendrait à terre dans trois jours; mais il échoua dans cette tentative de prophétiser, car nous n'arrivâmes à Ténériffe que le 1er août. La réputation de ceux qui ont des songes approche beaucoup de celles de leurs prêtres et de leurs prêtresses inspirés, auxquels ils ajoutent une foi aveugle, et dont ils suivent les décisions toutes les fois qu'ils forment un projet important. Ils adoptent de plus à quelques égards notre vieille doctrine de l'influence des planètes ; du moins ils règlent, en certains cas, leurs délibérations publiques sur les aspects de la lune ; par exemple, ils entreprennent une guerre et ils comptent sur des succès lorsque cette planète est couchée horizontalement ou fort inclinée sur sa partie convexe après son renouvellement.

» Leurs traditions sur la création de l'univers sont embrouillées, obscures et extravagantes, comme on l'imagine bien. Ils disent qu'une déesse, ayant un bloc ou une masse de terre suspendue à une corde, la lança loin d'elle et en dispersa les morceaux, tels que

Taïti et les îles voisines, dont les divers habitants viennent d'un homme et d'une femme établis à Taïti. Il ne s'agit cependant que de la création immédiate de leurs pays, car ils admettent une création universelle antérieure à celle-ci, et ils croient à l'existence de plusieurs terres qu'ils ne connaissent que par tradition ; mais leurs idées s'arrêtent à Tatouma et Tapeppa, pierres et rochers mâles et femelles qui forment le noyau du globe, ou qui soutiennent l'assemblage de terre et d'eau jeté à sa surface. Tatouma et Tapeppa produisirent Totorro, qui fut tué et décomposé en terre, et ensuite O-taïa et Orou, qui s'épousèrent et qui donnèrent d'abord naissance à une terre et ensuite à une race de dieux. O-taïa fut tué, et Orou, qui était de l'espèce femelle, épousa un dieu, son fils appelé Tirraa, à qui elle ordonna de créer de nouvelles terres, les animaux et les différentes espèces d'aliments qu'on trouve sur le globe, ainsi que le firmament, soutenu par des hommes appelés *tiferei*. Les taches qu'on observe dans la lune sont à leurs yeux des bocages d'une sorte d'arbres, etc., etc. »

COSTUME DES HABITANTS DU PORT DU ROI-GEORGES.

« Quoique leur corps soit toujours couvert d'une peinture rouge, ils se barbouillent fréquemment le visage d'une substance noire, rouge et blanche, afin que leur figure produise plus d'effet. Quand ils ont cette dernière enluminure, leur mine est pâle, affreuse et repoussante. Ils parsèment cette peinture d'un mica brun qui la rend plus éclatante. Le lobe des oreilles de la plupart d'entre eux est percé d'un assez grand trou et de deux autres plus petits ; ils y suspendent des morceaux d'os, des plumes montées sur une bande de cuir, des petits coquillages, des faisceaux de glands, des poils ou des morceaux de cuivre, que nos grains de verroterie ne purent jamais supplanter. La cloison du nez de plusieurs offre un trou dans lequel ils passent une petite corde ; d'autres y placent des morceaux de fer, de laiton ou de cuivre, qui ont à peu près la forme d'un fer à cheval, mais dont l'ouverture est si étroite que ces deux extrémités pressent doucement la cloison du nez. Cet ornement tombe ainsi sur la lèvre supérieure. Ils employaient à cet usage les anneaux de nos boutons de cuivre, qu'ils achetaient avec empressement.

» Leurs poignets sont garnis de bracelets ou de cordons de grains blancs qu'ils tirent d'une espèce de coquillage, de petites lanières de cuir ornées de glands, ou d'un large bracelet d'une seule pièce, ou d'une matière noire et luisante de la nature de la corne. La cheville de leurs pieds est souvent couverte d'une multitude de petites bandes de cuir ou de nerfs d'animaux qui la grossissent beaucoup.

» Tel est leur vêtement et leur parure de tous les jours ; mais ils ont des habits et des ornements qu'ils semblent réserver pour les occasions extraordinaires : ils les mettent lorsqu'ils font des visites de cérémonie et lorsqu'ils vont à la guerre. Ils ont, par exemple, des peaux de loup ou d'ours qui s'attachent sur le corps de la même manière que leur habit accoutumé ; elles sont garnies de bandes de fourrures ou de lambeaux de l'étoffe de laine qu'ils fabriquent eux-mêmes ; la garniture offre divers dessins assez agréables. Ils les portent séparément, ou par-dessus les autres habits. Lorsqu'ils les portent séparément, l'ajustement de leur tête le plus commun est composé d'osier et d'écorce à demi battue, leur chevelure est ornée en même temps de larges plumes et en particulier de plumes d'aigle, ou bien elle est entièrement couverte de plumes blanches. Leur visage est peint de toutes sortes de façons ; les parties supérieures et les parties inférieures offrent différentes couleurs qu'on prendrait pour autant de balafres récentes, ou bien il est barbouillé d'une espèce de suif mêlé avec de la peinture appliquée sur la peau, de manière quelle forme un grand nombre de figures régulières et qu'elle ressemble à un ouvrage de sculpture. Quelquefois encore leur chevelure est divisée en petits paquets attachés avec un fil et séparés aux extrémités par des intervalles d'environ deux pouces ; plusieurs la lient par derrière, selon notre usage, et ils y placent des rameaux de cyprès blanc.

» Cet attirail leur donne une mine vraiment sauvage et grotesque ; elle devient plus bizarre et plus terrible encore lorsqu'ils prennent ce que l'on peut appeler leur équipage monstrueux. Cet équipage monstrueux est composé de casques de bois sculpté qui se posent sur le visage ou sur la partie supérieure de la tête ou du front : les uns représentent une tête d'homme, on y remarque des cheveux, de la barbe, des sourcils ; d'autres représentent des têtes d'oiseaux, et en particulier des aigles et des quebrantahuessos et beaucoup d'animaux terrestres ou marins, tels que des loups, des aigles, des marsouins, etc. En général ces figures sont de grandeur plus que naturelle ; elles sont peintes et souvent parsemées de morceaux de mica feuilleté qui leur donnent de l'éclat et qui en augmentent la difformité. Ce n'est pas tout : ils attachent sur la même partie de la tête de gros morceaux de sculpture qui ressemblent à la proue d'une pirogue, lesquels sont peints de la même manière et se projettent en saillie à une distance considérable. Ils sont si passionnés pour ces déguisements, qu'un des sauvages, qui n'avait point de masque, mit sa tête dans un chaudron d'étain que nous venions de lui donner. J'ignore si la religion entre pour quelque chose dans cette mascarade extravagante, s'ils l'emploient dans leurs fêtes, ou pour intimider leurs ennemis par leur aspect effrayant lorsqu'ils marchent au combat, ou enfin si c'est un moyen d'attirer les animaux quand ils vont à la chasse ; mais on peut conclure que, si quelques voyageurs avaient rencontré un certain nombre d'Indiens équipés, et s'ils ne les avaient pas examinés avec attention, ils n'auraient pas omis de faire croire aux autres qu'il existait une race d'êtres attenant de la nature de la bête et de celle de l'homme ; ils se seraient trompés d'autant plus aisémeut que, outre des têtes d'animaux sur des épaules d'homme, ils auraient vu les corps entiers de ces espèces de monstres couverts de peaux de quadrupèdes. »

NATURELS DU PORT DE NOUTKA.

« La malpropreté et la puateur de leurs habitations égalent au moins le désordre qu'on y remarque ; ils y sèchent, ils y vident leurs poissons, dont les entrailles, mêlées aux os et aux débris qui sont la suite des repas et aux autres ordures, offrent des tas de saletés qui, je crois, ne s'enlèvent jamais, à moins que, devenus trop volumineux, ils empêchent de marcher. En un mot, leurs cabanes sont aussi sales que des étables de cochons ; on respire partout, dans les environs, une odeur de poisson, d'huile et de fumée.

» Malgré ce désordre et ces ordures, la plupart des maisons sont ornée de mauvaises statues. Ce sont tout uniment des troncs de gros arbres, de 2 mètres 16 centimètres de hauteur, dressés séparément ou par couples à l'extrémité supérieure de la cabane. Le haut représente un visage d'homme ; les bras et les mains se trouvent taillés dans les côtés et peints de différentes couleurs ; l'ensemble offre une figure vraiment monstrueuse. Ils appelaient ces statues du nom général de *klumma,* et de celui de *matchkoa* et de *matsita* deux d'entre elles qui étaient en face l'une de l'autre, à la distance de 1 mètre et que nous vîmes dans l'une des maisons. Nous pensâmes assez naturellement qu'elles représentent leurs dieux, ou qu'elles ont rapport à leur religion ou aux superstitions du pays. Au reste, nous eûmes des preuves du peu de cas qu'ils en font, car avec une très petite quantité de fer ou de cuivre j'aurais pu acheter tous les dieux du village, si toutefois les statues dont je parle étaient des dieux. On me proposa d'acheter chacune de celles que je vis et j'en achetai en effet deux ou trois petites.

» Après avoir dessiné une vue générale de leurs habitations, je voulus dessiner aussi l'intérieur de l'une des cabanes, afin d'avoir assez de matériaux pour donner une idée parfaite de la manière de vivre des naturels du port de Noutka. Je ne tardai pas à en découvrir une propre à mon objet. Tandis que je m'occupais à ce travail, un homme s'approcha de moi tenant un grand couteau à la main. Il parut fâché lorsqu'il vit mes yeux fixés sur deux statues d'une proportion gigantesque, peintes à la manière du pays et placées à une extrémité de l'appartement. Comme je fis peu d'attention à lui et que je continuai mon ouvrage, il alla tout de suite chercher une natte, qu'il plaça de manière à m'ôter la vue des statues. Etant à peu près sûr que je ne trouverais plus une occasion d'achever mon dessin et mon projet ayant quelque chose de trop intéressant pour y renoncer, je crus devoir acheter la complaisance de cet homme. Je lui offris un des boutons de mon habit : ce bouton était de métal et je pensai qu'il serait bien aise de l'avoir. Mon bouton produisit l'effet que j'en espérais, car le sauvage enleva la natte et il me permit de reprendre mes crayons. J'eus à peine tiré quelques traits qu'il revint couvrir de nouveau les statues avec sa natte. Il répéta sa manœuvre jusqu'à ce que je lui eusse donné un à un tous mes boutons ; et lorsqu'il s'aperçut qu'il m'avait complètement dépouillé, il ne s'opposa plus à ce que je désirais.

» La pêche et la chasse des animaux de terre et de mer, destinés à la subsistance des familles, paraissent être la principale occupation des hommes, car nous ne les vîmes jamais travailler dans l'intérieur des maisons. Les femmes, au contraire, y fabriquaient des vêtements de lin ou de laine et elles y préparaient des sardines ; elles les y apportaient aussi du rivage, dans des paniers d'osier, lorsque les hommes les ont déposées sur la grève, au retour de la pêche.

» Il paraît qu'ils passent une grande partie du temps dans leurs pirogues, du moins l'été, car nous observâmes que non-seulement ils y mangent et ils y couchent, mais qu'ils s'y dépouillent de leurs habits, et qu'ils s'y vautrent au soleil, ainsi que nous les avions vus se vautrer nus au milieu de leurs bourgades. Leurs grandes pirogues sont assez spacieuses pour cela, parfaitement sèches, et lorsqu'ils s'y font un abri avec des peaux et qu'il ne pleut pas, ils y sont beaucoup mieux que dans leurs maisons.

» Ils se nourrissent de tous les animaux et de tous les végétaux qu'ils peuvent se procurer ; mais la portion des subsistances qu'ils tirent du règne animal est beaucoup plus considérable que celle qu'ils tirent du règne végétal. La mer, qui leur fournit des poissons, des moules, des coquillages plus petits et des quadrupèdes marins, est leur plus grande ressource. Ils ont surtout des harengs et des sardines, deux espèces de brême et de la petite morue. Ils mangent les harengs et les sardines quand ces poissons sont frais ; ils en font de plus une provision de réserve, et, après les avoir sechés et fumés, ils les enferment dans des nattes qui forment des dalles de 1 mètre à 1 mètre 33 centimètres en carré. Les harengs leur donnent une quantité considérable d'œufs ou de laite, qu'ils préparent d'une manière curieuse : ils saupoudrent de cette laite et de ces œufs de petites branches de pin du Canada et une longue herbe marine que les rochers submergés produisent en abondance. Cette espèce de kaviar, si je puis me servir de ce terme, se garde dans des paniers ou des sacs de natte et ils s'en nourrissent au besoin, après l'avoir plongé dans l'eau. On peut le regarder comme leur pain d'hiver, et son goût n'est point désagréable. Ils mangent d'ailleurs les œufs et la laite de quelques autres poissons qui doivent être fort gros, si j'en juge par la dimension des grains. Mais ce kaviar a quelque chose de rance à l'odorat et au goût. Il paraît que c'est la seule nourriture qu'ils préparent de cette manière, afin de la conserver longtemps : car, quoiqu'ils découpent et séchent un petit nombre de brêmes et de chimères, qui sont assez abondantes, ils ne les fument pas comme les harengs et les sardines.

» Ils grillent leurs grosses moules dans leurs coquilles ; ils les enfilent ensuite à de longues broches de bois, où ils vont les prendre lorsqu'ils en ont besoin. Il les mangent sans autre préparation ; quelquefois cependant ils les trempent dans une huile qui leur tient lieu de sauce. Les autres productions marines, telles que les petits coquillages qui contribuent à augmenter le fond général de leur nourriture, ne doivent pas être regardés comme moyens de substance babituelle, en comparaison de ceux dont je viens de parler.

» Le marsouin est l'animal de mer dont ils se nourrissent le plus communément. Ils découpent en larges morceaux le lard ainsi que la chair, et après les avoir séchés comme ils sèchent les harengs, ils les mangent sans autre préparation. Ils tirent aussi une espèce de bouillon de la viande fraîche de cet animal et leur procédé est singulier : ils mettent de l'eau et des morceaux de cette chair dans un baquet de bois carré, où ils placent ensuite des pierres chaudes ; ils y jettent de nouvelles pierres chaudes jusqu'à ce que l'eau et la viande aient assez bouilli ; ils en ôtent les pierres dont je viens de parler avec un bâton fendu qui leur sert de pincettes ; le vase est toujours auprès du feu. Ce mets est commun dans leur repas, et, à le voir, on juge qu'il est fort nourrissant. Ils consomment aussi une quantité considérable d'huile que leur procurent les animaux marins; ils l'avaient séparément dans une large cuiller de corne, ou bien elle sert de sauce pour les autres mets.

» On peut présumer ainsi qu'ils se nourrissent de phoques, de loutres de mer et de baleines, car les peaux de phoque et de loutre étaient fort communes parmi eux et nous aperçûmes un grand nombre d'instruments de toutes espèce destinés à la destruction de ces divers animaux. Peut-être toutes les saisons ne sont-elles pas favorables à cette chasse. Nous jugeâmes, par exemple, qu'ils n'en prirent pas beaucoup pendant notre relâche, n'ayant vu qu'un petit nombre de peaux et de pièces de viande fraîche.

» Les branches du pin du Canada et l'herbe marine qu'ils saupoudrent de laite de poisson ou de kaviar peuvent être regardées comme leurs seuls végétaux d'hiver.

» La malpropreté de leurs repas répond parfaitement à celle de leurs cabanes et de leurs personnes. Il paraît qu'ils ne lavent jamais les augets et les plats de bois dans lesquels ils prennent leur nourriture, et que les restes dégoûtants d'un dîner précédent sont mêlés avec le repas qui le suit. Ils rompent aussi avec leurs mains et leurs dents toutes les choses solides ou coriaces. Ils font usage de leurs couteaux pour dépecer les grosses pièces, mais ils n'ont pas encore imaginé de se servir du même moyen pour les diviser en morceaux plus petits et en bouchées, quoique cet expédient, plus commode et plus propre, ne demande aucun effort d'esprit. Enfin ils ne semblent pas avoir la moindre idée de la propreté, car ils mangent les racines qu'ils tirent de leurs champs sans secouer le terreau dont elles se trouvent chargées.

» J'ignore s'ils ont des heures fixes pour leurs repas. Nous les avons vus manger dans leurs pirogues à tous les moments de la journée; mais lorsque nous allâmes reconnaître le village, nous remarquâmes que vers midi ils préparèrent plusieurs baquets de bouillon de marsouin et je présume que c'est le temps où ils font leur repas principal.

TRAINEAUX AU KAMTCHATKA.

Bien que nous ayons parlé du Kamtchatka dans le voyage d'Asie, nous extrayons ici ces passages de Cook :

A quelque distance d'Avatcha, nous prîmes des traîneaux, tirés par des chiens. Sur les neuf heures du soir, nous fûmes éveillés par les hurlements lamentables des chiens, et ce bruit continua tout le temps qu'on employa à arranger notre bagage sur les traîneaux. Quand on eut attelé ces animaux, leurs cris se changèrent en un glapissement doux et gai, qui cessa entièrement dès qu'ils furent en marche.

» Un traîneau ne porte guère qu'une personne à la fois ; celui qui le monte est assis de côté, ses pieds touchent la partie inférieure ; ses provisions et les autres choses dont il a besoin se trouvent dans un paquet placé derrière lui. Le traîneau est attelé ordinairement de cinq chiens : quatre sont en couples, le cinquième sert de guide. Les rênes ne prenant pas ces animaux par la tête, mais par le cou, produisent peu d'effet ; elles flottent ordinairement sur le traîneau et le Kamtchadale ne compte que sur sa voix pour se faire obéir des chiens. Le premier est dressé avec des soins particuliers. La docilité et la constance des chiens de volée leur donnent quelquefois une valeur extraordinaire, et j'ai su qu'il n'est pas rare de les payer jusqu'à quarante roubles. Le conducteur est muni d'un bâton crochu qui lui tient lieu de fouet et de rênes ; en frappant la neige il vient à bout de modérer la vitesse des chiens et même de les arrêter. Lorsqu'ils sont paresseux ou inattentifs à sa voix, il les châtie en leur jetant ce bâton ; son adresse à le ramasser est alors très remarquable et forme la principale difficulté du métier. Au reste il ne faut pas s'étonner que les habitants du Kamtchatka s'exercent à une manœuvre d'où dépend leur sûreté : car ils disent que, s'ils perdent leur bâton, les chiens s'en aperçoivent tout de suite ; que, si ces animaux n'avaient pas affaire à un homme ferme et d'un grand sang-froid, ils s'emporteraient et ne s'arrêteraient que lorsqu'ils seraient épuisés de fatigue ; que les chiens, ne se trouvant pas épuisés de sitôt, renversent le traîneau, qui est mis en pièces contre les arbres, ou bien ils le jettent dans un précicipe, où ils sont ensevelis sous la neige avec le conducteur. Nous aurions eu bien de la peine à croire ce qu'on raconte de leur patience extraordinaire à supporter la fatigue et la faim, si des témoins dignes de foi ne nous eussent pas attesté ces faits. Nous jugeâmes nous-mêmes de la célérité avec laquelle l'exprès qui porta à Bolcherestk la nouvelle de notre arrivée revint au havre de Petro-Pawlowsk, quoique la neige fût alors extrêmement ramollie ; mais le gouverneur du Kamtchatka me dit qu'en général on fait cette route en deux jours et demi, et qu'il a une fois reçu des lettres en vingt-trois heures. »

CHASSE AUX OURS DANS LE KAMTCHATKA.

« Le 25, j'allai à la chasse aux ours. Lorsque les naturels y veulent aller, ils s'arrangent pour arriver au coucher du soleil sur les terrains que fréquentent ces animaux ; ils recherchent ensuite leurs traces ; ils examinent celles qui sont les plus récentes et qui semblent indiquer la meilleure embuscade. Ces traces sont plus nombreuses sur les sentiers qui mènent des bois aux lacs et parmi les joncs, les longues herbes et les fougeraies placés au bord de l'eau. Lorsque le lieu de l'embuscade est déterminé, les chasseurs fixent en terre les béquilles sur lesquelles ils pointent leurs fusils ; ils s'agenouillent ensuite, ou se couchent par terre, selon que l'endroit où ils se tiennent cachés est plus ou moins couvert, et armés d'ailleurs d'un épieu qu'ils portent à leur côté, ils attendent leur proie. Ces précautions, qui ont surtout pour objet de ne pas manquer leur coup, sont très convenables : d'abord la poudre et le plomb se vendent si cher au Kamtchatka, qu'un ours ne vaut pas plus de quatre ou cinq cartouches; et, ce qui est plus important encore, si le premier coup ne met pas l'ours hors de combat, il en résulte souvent des suites funestes; car l'ours se porte sur-le-champ vers le lieu d'où viennent le bruit et la fumée et il attaque ses ennemis avec beaucoup de fureur. Il est impossible aux chasseurs de recharger : l'animal est rarement à plus de 12 à 15 mètres de distance lorsqu'ils le tirent. S'ils ne le renversent pas, ils saisissent à l'instant même leur épieu pour se défendre ; et s'ils ne lui portent pas un premier coup mortel quand il fond sur eux, leur vie est en danger. Si l'ours pare le coup (ce que la force et l'agilité de ses pattes le mettent souvent en état de faire), et s'il se précipite sur les chasseurs, le combat devient alors très inégal et ils se croient heureux s'il n'y a qu'un seul d'entre eux de tué.

» Il y a une époque de l'année où ce divertissement, ou plutôt ce travail, est surtout dangereux : au printemps, lorsque les ours sortent pour la première fois de leurs tanières, après avoir passé l'hiver sans prendre de nourriture; car on assure universellement ici que ces animaux sont réduits à sucer leurs pattes durant l'hiver. Ils sont très redoutables en cette saison; si la gelée est forte, et si la glace, qui n'est pas encore rompue dans le lac, les prive de leurs moyens de subsistance, ils ne tardent pas alors à devenir affamés et féroces. Ils ont l'odorat très fin, ils sentent de loin les Kamtchadales et ils les poursuivent; comme ils rôdent hors de leurs sentiers ordinaires, ils attaquent souvent des malheureux qui ne se trouvent pas sur leurs gardes, et, dans ce cas, les chasseurs du pays ne sachant pas tirer au vol ou à la course, et étant toujours obligés d'avoir leurs fusils posés sur un point d'appui, sont assez fréquemment dévorés par ces animaux.

» La chasse fournit un grand nombre de traits qui prouvent la tendresse de ces animaux pour leurs petits, et celle de ces derniers pour leur mère. Les chasseurs mettent à profit ces observations. Ils ne s'avisent pas de tirer un ourson lorsque la mère est dans les environs, car elle porte la fureur jusqu'à la frénésie ; si son ourson est blessé, si elle découvre son ennemi, elle l'immole à sa vengeance. D'un autre côté, si la mère est blessée, ses petits ne la quittent pas, lors même qu'elle est morte depuis assez longtemps ; ils témoignent l'affliction la plus profonde par des mouvements et des gestes très expressifs et ils deviennent ainsi la proie des chasseurs.

» Si l'on en croit les Kamtchadales, la sagacité des ours est aussi extraordinaire et aussi digne de remarque que leur attachement filial ou maternel. Ils en citent mille traits. Je me bornerai à en indiquer un seul, dont les gens du pays parlent comme d'un fait très connu. Il s'agit d'un stratagème employé par les ours pour attaquer les rennes, dont la légèreté l'emporte de beaucoup sur celle dont ils sont doués. Ces rennes se tiennent en troupes nombreuses ; ils fréquentent surtout les terrains bas et ils aiment à brouter l'herbe qui se trouve au pied des rochers et des précipices. L'ours, qui les sent de loin, les suit jusqu'au moment où il les aperçoit ; il choisit alors une position élevée ; il s'avance avec précaution et il se cache au milieu des rochers à mesure qu'il fait ses approches ; quand il est immédiatement au-dessus de ces animaux et assez près pour remplir son objet, il commence à détacher avec ses pattes des fragments de rochers qu'il roule au milieu des rennes. Ensuite il n'essaie de les poursuivre que lorsqu'il en a estropié quelqu'un du troupeau : il se précipite alors sur sa proie et son attaque a du succès, ou elle ne réussit pas, selon que sa victime est plus ou moins blessée. »

LA PÉROUSE.

Le dernier voyage de Cook n'était encore connu que par la fin tragique de l'illustre capitaine, quand la France, profitant des loisirs de la paix, crut devoir à son rang, parmi les nations civilisées, de concourir à l'achèvement de la reconnaissance du globe, et de tenter dans cette vaste carrière quelque grande entreprise. Les préparatifs d'une expédition autour du monde furent ordonnés et poussés avec activité. La mission était périlleuse, il fallait pour la commander un homme habile et expérimenté. Le choix se fixa sur la Pérouse, que ses travaux et ses succès constants dans la marine militaire avaient déjà rendu célèbre. Avant de passer au récit de cette malheureuse campagne, nous croyons qu'on ne lira pas sans intérêt quelques extraits sur la vie du brave marin dont l'infortune a rendu le nom si populaire.

Jean-François Galaup de La Pérouse, chef d'escadre,

naquit à Alby en 1741. Entré dès ses jeunes ans dans l'école de la marine, ses premiers regards se tournèrent vers les navigateurs célèbres qui avaient illustré leur patrie, et il prit dès lors la résolution de marcher sur leurs traces ; mais, ne pouvant avancer qu'à pas lents dans cette route difficile, il se prépara, en se nourrissant d'avance de leurs travaux, à les égaler un jour. Il joignit de bonne heure l'expérience à la théorie : il avait déjà fait dix-huit campagnes quand le commandement de la dernière expédition lui fut confié. Garde de la marine le 19 novembre 1756, il fit d'abord cinq campagnes de guerre, les quatre premières sur le Célèbe, la Pomone, le Zéphyr et le Cerf, et la cinquième sur le Formidable, commandé par Saint-André du Verger. Ce vaisseau faisait partie de l'escadre aux ordres du maréchal de Conflans, lorsqu'elle fut jointe à la hauteur de Belle-Isle par l'escadre anglaise. Les vaisseaux de l'arrière-garde, le Magnifique, le Héros et le Formidable, furent attaqués et environnés par huit ou dix vaisseaux ennemis. Le combat s'engagea et devint général ; il fut si terrible, que huit vaisseaux anglais ou français coulèrent bas pendant l'action, ou allèrent se perdre et se brûler sur les côtes de France. Le seul vaisseau le Formidable, plus maltraité que les autres, fut pris après la plus vigoureuse défense. La Pérouse se conduisit avec une grande bravoure dans ce combat, où il fut pris grièvement blessé.

Rendu à sa patrie, il fit dans le même grade, sur le vaisseau le Robuste, trois nouvelles campagnes : il s'y distingua dans plusieurs circonstances, et son mérite naissant commença à fixer les regards de ses chefs.

Le 1ᵉʳ octobre 1764, il fut promu au grade d'enseigne de vaisseau. Un homme moins actif eût profité des douceurs de la paix ; mais sa passion pour son état ne lui permettait pas de prendre du repos. Il suffit, pour juger de sa constante activité, de parcourir le simple tableau de son existence militaire depuis cette époque jusqu'en 1777.

En 1779, la Pérouse commandait *l'Amazone*, qui faisait partie de l'escadre aux ordres du vice-amiral d'Estaing. Voulant protéger la descente des troupes à la Grenade, il y mouilla à portée de pistolet d'une batterie ennemie. Lors du combat de cette escadre contre celle de l'amiral Byron, il fut chargé de porter les ordres du général dans toute la ligne. Enfin, il prit sur la côte de la Nouvelle-Angleterre, la frégate *l'Ariel*, et contribua à la prise de *l'Experiment*.

Nommé capitaine le 4 avril 1780, il commandait la frégate *l'Astrée*, lorsque, se trouvant en croisière avec *l'Hermione*, commandée par le capitaine La Touche, il livra, le 21 juillet, un combat très opiniâtre à six bâtiments de guerre anglais, à six lieues du cap nord de l'île Royale. Cinq de ces bâtiments, *l'Allégeance*, de vingt-quatre canons, *le Vernon*, de même force, *le Charlestown*, de vingt-huit, *le Jack*, de quatorze et *le Vautour*, de vingt, formèrent une ligne pour l'attendre ; le sixième, *le Thompson*, de dix-huit, resta hors de la portée du canon. Les deux frégates coururent ensemble sur l'ennemi, toutes voiles dehors. Il était sept heures du soir lorsqu'elles tirèrent le premier coup de canon. Elles prolongèrent la ligne anglaise sous le vent, pour lui ôter tout espoir de fuir. *Le Thomp-*

son restait constamment au vent. Les deux frégates manœuvrèrent avec tant d'habileté, que le désordre se mit bientôt dans l'escadrille anglaise : au bout d'une demi-heure, *le Charlestown*, frégate commandante, et *le Jack* furent obligés de se rendre ; les trois autres bâtiments auraient éprouvé le même sort, si la nuit ne les eût dérobés à la poursuite des deux frégates.

L'année suivante, le gouvernement français forma le projet de prendre et de détruire les établissements des Anglais dans la baie d'Hudson. La Pérouse parut propre à remplir cette mission pénible dans des mers difficiles : il reçut ordre de partir du cap Français, le 31 mai 1782. Il commandait *le Sceptre*, de soixante-quatorze canons, et il était suivi des frégates *l'Astrée* et *l'Engageante*, de trente-six canons chacune, commandées par les capitaines de Langle et La Jaille ; il avait à bord de ces bâtiments deux cent cinquante hommes d'infanterie, quarante hommes d'artillerie, quatre canons de campagne, deux mortiers et trois cents bombes.

Le 17 juillet, il eut connaissance de l'île de la Résolution ; mais à peine eut-il fait vingt-cinq lieues dans le détroit d'Hudson, que ses vaisseaux se trouvèrent engagés dans les glaces, où ils furent considérablement endommagés.

Le 30, après avoir constamment lutté contre des obstacles de toute espèce, il vit le cap Walsingham, situé à la partie la plus occidentale du détroit. Pour arriver promptement au fort du Prince-de-Wales, qu'il se proposait d'attaquer d'abord, il n'avait pas un instant à perdre, la rigueur de la saison obligeant tous les vaisseaux d'abandonner cette mer dans les premiers jours de septembre; mais, dès qu'il fut entré dans la baie d'Hudson, les brumes l'enveloppèrent, et le 3 août, à la première éclaircie, il se vit environné de glaces à perte de vue, ce qui le força de mettre à la cape. Cependant il triompha de ces obstacles, et le 8 au soir, ayant découvert le pavillon du fort du Prince-de-Wales, les bâtiments français s'en approchèrent en sondant jusqu'à une lieue et demie, et y mouillèrent.

Un officier envoyé pour reconnaître les approches du fort rapporta que les bâtiments pouvaient s'embosser à très peu de distance. La Pérouse, ne doutant pas que *le Sceptre* seul ne pût facilement réduire les ennemis s'ils résistaient, fit ses préparatifs pour effectuer une descente pendant la nuit. Quoique contrariées par la marée et l'obscurité, les chaloupes abordèrent sans obstacle à trois quarts de lieue du fort. La Pérouse, ne voyant aucune disposition défensive, quoique le fort parût en état de faire une vigoureuse résistance, fit sommer l'ennemi : les portes furent ouvertes, et le gouverneur et la garnison se rendirent à discrétion.

Cette partie de ses ordres exécutée, il mit, le 11 août, à la voile, pour se rendre au fort d'York; il éprouva, pour y parvenir, des difficultés plus grandes encore que celles qu'il avait rencontrées précédemment; il naviguait par six ou sept brasses, sur une côte parsemée d'écueils. Après avoir couru les plus grands risques, *le Sceptre* et les deux frégates découvrirent l'entrée de la rivière de Nelson, et mouillèrent, le 20 août, à environ cinq lieues de terre.

La Pérouse avait pris trois bateaux pontés au fort du Prince-de-Wales : il les envoya, avec le canot du *Sceptre*, prendre connaissance de la rivière des Hayes, près de laquelle est le fort d'York.

L'île des Hayes, où est le fort d'York, est située à l'embouchure d'une grande rivière qu'elle divise en deux branches : celle qui passe devant le fort s'appelle la rivière des Hayes, et l'autre la rivière Nelson. Le commandant français savait que tous les moyens de défense étaient établis sur la première ; il y avait, de plus, un vaisseau de la Compagnie d'Hudson, portant vingt-cinq canons de neuf, mouillé à son embouchure. Il se décida à pénétrer par la rivière Nelson, quoique ses troupes eussent à faire de ce côté une marche d'environ quatre lieues ; mais il y gagnait l'avantage de rendre inutiles les batteries placées sur la rivière des Hayes.

On arriva, le 21 au soir, à l'embouchure de la rivière Nelson, avec deux cent cinquante hommes de troupe, les mortiers, les canons, et des vivres pour huit jours, afin de ne pas avoir besoin de recourir aux vaisseaux, avec lesquels il était très difficile de communiquer. La Pérouse donna ordre aux chaloupes de mouiller par trois brasses à l'entrée de la rivière, et il s'avança dans son canot avec son second de Langle, le commandant des troupes de débarquement Rostaing, et le capitaine de génie Monneron, pour sonder la rivière et en visiter les bords où il craignait que les ennemis n'eussent préparé quelques moyens de défense.

Cette opération prouva que la rive était inabordable ;

les plus petits canots ne pouvaient approcher qu'à environ cent toises, et le fond qui restait à parcourir était de vase molle. Il jugea donc à propos d'attendre le jour et de rester à l'ancre ; mais la marée perdant beaucoup plus qu'on ne l'avait présumé, les chaloupes restèrent à sec à trois heures du matin.

Irritées par cet obstacle, bien loin d'en être découragées, toutes les troupes débarquèrent, et après avoir fait un quart de lieue dans la boue jusqu'à mi-jambe, elles arrivèrent enfin sur le pré, où elles se rangèrent en bataille. De là elles marchèrent vers un bois, où l'on comptait trouver un sentier sec qui conduirait au fort. On n'en découvrit aucun, et toute la journée fut employée à la recherche des chemins qui n'existaient point.

La Pérouse ordonna au capitaine du génie Monneron d'en tracer un à la boussole au milieu du bois. Ce travail extrêmement pénible exécuté servit à faire connaître qu'il y avait deux lieues de marais à traverser, pendant lesquelles on enfoncerait souvent dans la vase jusqu'aux genoux. Un coup de vent qui survint força La Pérouse inquiet à rejoindre ses bâtiments. Il se rendit sur le rivage ; mais, la tempête continuant, il ne put s'embarquer. Il profita d'un intervalle, et parvint le lendemain à son bord, une heure avant un second coup de vent. Un officier parti en même temps que lui fit naufrage : il eut, ainsi que les gens de son équipage, le bonheur de gagner la terre ; mais ils ne purent revenir à bord qu'au bout de trois jours, nus et mourant de faim.

Cependant les troupes arrivèrent devant le fort le 24

au matin, après une marche des plus pénibles, et il fut rendu à la première sommation. La Pérouse le fit détruire, et donna l'ordre aux troupes de se rembarquer aussitôt.

Cet ordre fut contrarié par un nouveau coup de vent, qui fit courir les plus grands dangers aux vaisseaux. Enfin le beau temps revint, et les troupes se rembarquèrent. La Pérouse, ayant à bord les gouverneurs des forts du Prince-de-Wales et d'York, mit à la voile pour s'éloigner de ces parages livrés aux glaces et aux tempêtes, où des succès militaires obtenus sans éprouver la moindre résistance avaient été précédés de tant de peines, de périls et de fatigues.

Si La Pérouse, comme militaire, fut obligé, pour se conformer à des ordres rigoureux, de détruire des possessions alors ennemies, il n'oublia pas en même temps les égards qu'on doit au malheur. Ayant su qu'à son approche des Anglais avaient fui dans les bois, et que son départ, vu la destruction des établissements, les exposait à mourir de faim et à tomber sans défense entre les mains des sauvages, il eut l'humanité de leur laisser des vivres et des armes.

Est-il à ce sujet un éloge plus flatteur que cet aveu sincère d'un marin anglais, dans sa relation d'un voyage à Botany-Bay? « On doit se rappeler avec reconnaissance, en Angleterre surtout, cet homme humain et généreux, pour la conduite qu'il a tenue lorsque l'ordre fut donné de détruire notre établissement de la baie d'Hudson, dans le cours de la dernière guerre. »

L'époque du rétablissement de la paix avec l'Angleterre en 1783 termina cette campagne. L'infatigable La Pérouse ne jouit pas d'un long repos ; une plus importante campagne l'attendait. Hélas ! ce devait être la dernière. Il était destiné à commander l'expédition autour du monde, en 1785, dont les préparatifs se faisaient à Brest.

Jusqu'ici je n'ai considéré dans La Pérouse que le militaire et le navigateur ; mais il mérite également d'être connu par ses qualités personnelles, car il n'était pas moins propre à se concilier les hommes de tous les pays, ou à s'en faire respecter, qu'à prévoir et à vaincre les obstacles qu'il est donné à la sagesse humaine de surmonter.

Réunissant à la vivacité des habitants des pays méridionaux un esprit agréable et un caractère égal, sa douceur et son aimable gaîté le firent toujours rechercher avec empressement. D'un autre côté, mûri par une longue expérience, il joignait à une prudence rare cette fermeté de caractère qui est le partage d'une âme forte, et qui, augmentée par le genre de vie pénible des marins, le rendait capable de tenter et de conduire avec succès les plus grandes entreprises.

D'après la réunion de ces diverses qualités, le lecteur, témoin de sa patience rigoureuse dans les travaux commandés par les circonstances, des conseils sévères que sa prévoyance lui dictait, des mesures de précaution qu'il prenait avec les peuples, sera peu étonné de la conduite bienfaisante et modérée autant que circonspecte de La Pérouse à leur égard, de la confiance, quelquefois même de la déférence qu'il témoignait à ses officiers, et de ses soins paternels envers ses équipages. Rien de ce qui pouvait les intéresser, soit en prévenant leurs peines, soit en procurant leur bien-être, n'échappait à sa surveillance, à sa sollicitude. Ne voulant pas faire d'une entreprise scientifique une spéculation mercantile, et laissant tout entier le bénéfice des objets de traite au profit des seuls matelots de l'équipage, il se réservait pour lui la satisfaction d'avoir été utile à sa patrie et aux sciences. Secondé parfaitement dans ses soins pour le maintien de leur santé, aucun navigateur n'a fait une campagne aussi longue, n'a parcouru un développement de route si étendu en changeant sans cesse de climat, avec des équipages aussi sains, puisqu'à leur arrivée à la Nouvelle-Hollande, après trente mois de campagne et plus de seize mille lieues de route, ils étaient aussi bien portants qu'à leur départ de Brest.

Maître de lui-même, ne se laissant jamais aller aux premières impressions, il fut à portée de pratiquer, surtout dans cette campagne, les préceptes d'une saine philosophie, amie de l'humanité; s'attachant à suivre cet article de ses instructions, gravé dans son cœur, qui lui ordonnait d'éviter de répandre une seule goutte de sang; l'ayant suivi constamment dans un aussi long voyage, avec un succès dû à ses principes; et, lorsque attaqué par une horde barbare de sauvages, il eut perdu son second, un naturaliste et dix hommes des deux équipages, malgré les moyens puissants de vengeance qu'il avait entre les mains, et tant de motifs pour en user, il contenait la fureur des équipages, craignant de frapper une seule victime innocente parmi des milliers de coupables.

Equitable et modeste autant qu'éclairé, on verra avec quel respect il parlait de l'immortel Cook, et comme il cherchait à rendre justice aux grands hommes qui avaient parcouru la même carrière.

Egalement juste envers tous, La Pérouse, dans son journal et sa correspondance, dispense avec équité les éloges auxquels ont droit ses coopérateurs. Il cite aussi les étrangers qui, dans les différentes parties du monde, les ont bien accueillis, et lui ont procuré des secours. A son tour, justement apprécié par les marins anglais qui avaient eu occasion de le connaître, il a reçu dans leurs écrits un témoignage d'estime non équivoque.

La Pérouse, d'après ses dernières lettres de Botany-Bay, devait être rendu à l'île de France en 1788. Les deux années suivantes s'étant écoulées, les événements importants qui occupaient et fixaient l'attention de la France entière ne purent la détourner du sort qui semblait menacer nos navigateurs. Les premières réclamations à cet égard, les premiers accents de la crainte et de la douleur se firent entendre à la barre de l'assemblée nationale, par l'organe des membres de la Société d'histoire naturelle.

La demande de la Société d'histoire naturelle, accueillie avec le plus vif intérêt, fut suivie de près par la loi qui ordonna l'armement de deux frégates pour aller à la recherche de La Pérouse.

A peine ces navires furent-ils partis, que le bruit se répandit qu'un capitaine hollandais, passant devant les îles de l'Amirauté, à l'ouest de la Nouvelle-Irlande, avait aperçu une pirogue montée par des naturels qui lui avaient paru revêtus d'uniformes de la marine française.

Le général d'Entrecasteaux, qui commandait la nouvelle expédition, ayant relâché au cap de Bonne-Espérance, eut connaissance de ce rapport. Malgré son peu d'authenticité et de vraisemblance, il n'hésita pas un seul instant ; il changea son projet de route pour voler au lieu indiqué. Son empressement n'ayant eu aucun succès, il recommença sa recherche dans l'ordre prescrit par ses instructions, et il l'acheva sans pouvoir obtenir le moindre renseignement ni acquérir la moindre probabilité sur le sort de notre infortuné navigateur.

On a diversement raisonné en France sur la cause de sa perte. Les uns, ignorant la route qui lui restait à parcourir depuis Botany-Bay, et qui est tracée dans sa dernière lettre, ont avancé que ses vaisseaux avaient été pris dans les glaces, et que La Pérouse et tous ses compagnons avaient péri de la mort la plus horrible ; d'autres ont assuré que, avant d'arriver à l'île de France vers la fin de 1788, il avait été victime du violent ouragan qui devint si funeste à la frégate *la Vénus*, dont on n'a plus entendu parler, et qui avait entièrement démâté la frégate *la Résolution*.

Quoiqu'on ne puisse combattre l'assertion de ces derniers, on ne doit pas non plus l'admettre sans preuve. Si elle n'est point la vraie, La Pérouse a dû probablement périr, par un mauvais temps, sur les nombreux récifs dont les archipels qu'il avait encore à explorer sont parsemés.

La manière dont les deux frégates ont toujours navigué à la portée de la voix aura rendu commun à toutes deux le même écueil ; elles auront éprouvé le malheur dont elles avaient été si près le 6 novembre 1786, et auront été englouties sans pouvoir aborder à aucune terre.

ARRIVÉE A L'ILE DE PAQUES. — SÉJOUR DANS CETTE ILE. — MŒURS ET USAGES DES HABITANTS.

Parti de Brest le 1ᵉʳ août 1785, La Pérouse, après une traversée qui n'offre rien d'intéressant, prolongea le 8 avril la côte de l'île de Pâques.

« Bientôt, dit-il, nous vîmes un grand nombre d'Indiens arriver à la nage. Ils montèrent à bord avec un air riant et une sécurité qui me donnèrent la meilleure opinion de leur caractère. Leur physionomie est généralement agréable, mais très variée, et n'a point, comme celle des Malais, des Chinois, des Chiliens, un caractère qui lui soit propre.

» Je fis divers présents à ces Indiens. Ils préféraient des morceaux de toile peinte, d'une demi-aune, aux clous, aux couteaux et aux rassades; mais ils désiraient encore les chapeaux. Nous en avions une trop petite quantité pour en donner à plusieurs. A huit heures du soir je pris congé de mes nouveaux hôtes, leur faisant entendre par signes qu'à la pointe du jour je descendrais à terre. Ils s'embarquèrent dans le canot en dansant, et ils se jetèrent à la mer à deux portées de fusil du rivage, sur lequel la lame brisait avec force.

Ils avaient eu la précaution de faire de petits paquets de mes présents et chacun avait posé le sien sur sa tête pour le garantir de l'eau.

» A la pointe du jour, je fis tout disposer pour notre descente à terre. Je devais me flatter d'y trouver des amis, puisque j'avais comblé de présents tous ceux qui étaient venus à bord la veille ; mais j'avais trop médité les relations des différents voyageurs pour ne pas savoir que ces Indiens sont de grands enfants, dont la vue de nos différents meubles excite si fort les désirs, qu'ils mettent tout en usage pour s'en emparer. Je crus donc qu'il fallait les retenir par la crainte, et j'ordonnai qu'on mît à cette descente un petit appareil guerrier. Nous la fîmes en effet avec quatre canots et douze soldats armés. M. de Langle et moi nous étions suivis de tous les passagers et officiers, à l'exception de ceux qui étaient nécessaires à bord des deux frégates pour le service, nous composions, en y comprenant l'équipage de nos bâtiments à rames, environ soixante-dix personnes.

» Nous n'avions que huit ou dix heures à rester sur l'île et nous ne voulions pas perdre ce temps. Je confiai donc la garde de la tente et de tous nos effets à M. d'Escures, mon premier lieutenant ; je le chargeai en outre du commandement de tous les soldats et matelots qui étaient à terre. Nous nous divisâmes ensuite en deux troupes : la première, aux ordres de M. de Langle, devait pénétrer le plus possible dans l'intérieur de l'île, semer des graines dans tous les lieux qui paraîtraient susceptibles de les propager, examiner le sol, les plantes, la culture, la population, les monuments et généralement tout ce qui peut intéresser chez ce peuple très extraordinaire ; la seconde, dont je faisais partie, se contenta de visiter les monuments, les plates-formes, les maisons et les plantations à une lieue autour de notre établissement.

» La dixième partie de la terre y est à peine cultivée et je suis persuadé que trois jours de travail suffisent à chaque Indien pour se procurer la substance d'une année. Cette facilité de pourvoir aux besoins de la vie m'a fait croire que les productions de la terre étaient en commun, d'autant que je suis à peu près certain que les maisons sont communes au moins à tout un village ou district. J'ai mesuré une de ces maisons auprès de notre établissement : elle avait cent trois mètres de longueur, trois mètres de largeur et trois mètres de hauteur au milieu. Sa forme était celle d'une pirogue renversée ; on n'y pouvait entrer que par deux portes de soixante-six centimètres d'élévation et en se glissant sur les mains. Cette maison peut contenir plus de deux cents personnes. Ce n'est pas la demeure du chef, puisqu'il n'y a aucun meuble et qu'un aussi grand espace lui serait inutile. Elle forme à elle seule un village avec deux ou trois autres petites maisons peu éloignées.

DÉPART DE L'ILE DE PAQUES. — ARRIVÉE AUX ILES SANDWICH.

« En partant de la baie de Cook dans l'île de Pâques, le 10 avril 1786, continue La Pérouse, je fis route pour les îles Sandwich. Le 28 au matin, j'eus connaissance des montagnes de l'île d'Owhyhée, qui étaient couvertes de neige, et bientôt après, de celles de Mowée, un peu moins élevées que celles de l'autre île.

« L'aspect de l'île de Mowée était ravissant ; j'en prolongeai la côte à une lieue. Elle court dans le canal au sud-ouest-quart-ouest. Nous voyons l'eau se précipiter en cascades de la cime des montagnes et descendre à la mer après avoir arrosé les habitations des Indiens. Elles sont si multipliées, qu'on pourrait prendre un espace de trois à quatre lieues pour un seul village ; mais toutes les cases sont sur le bord de la mer et les montagnes en sont si rapprochées, que le terrain habitable m'a paru avoir moins d'une demi-lieue de profondeur. Il faut être marin et réduit comme nous, dans ces climats brûlants, à une bouteille d'eau par jour, pour se faire une idée des sensations que nous éprouvions. Les arbres qui couronnaient les montagnes, la verdure, les bananiers qu'on apercevait autour des habitations, tout produisait sur nos sens un charme inexprimable ; mais la mer brisait sur la côte avec la plus grande force, et nouveaux Tantales, nous étions réduits à désirer et à dévorer des yeux ce qu'il nous était impossible d'atteindre.

» La brise avait forcé et nous faisions deux lieues par heure. Je voulais terminer avant la nuit le développement de cette partie de l'île jusqu'à celle de Morokinne, auprès de laquelle je me flattais de trouver un mouillage à l'abri des vents alisés. Ce plan, dicté par les circonstances impérieuses où je me trouvais, ne me permit pas de diminuer de voiles pour attendre environ cent cinquante pirogues qui se détachèrent de la côte. Elles étaient chargées de fruits et de cochons que les Indiens nous proposaient d'échanger contre des morceaux de fer.

» Presque toutes les pirogues abordèrent l'une des deux frégates ; mais notre vitesse était si grande, qu'elles se remplissaient d'eau le long du bord. Les Indiens étaient obligés de larguer la corde que nous leur avions filée. Ils se jetaient à la nage ; ils couraient d'abord après leurs cochons et les rapportant dans leurs bras, ils soulevaient avec leurs épaules leurs pirogues en vidant l'eau et y remontaient gaîment, cherchant, à force de pagaies, à regagner auprès de nos frégates le poste qu'ils avaient été obligés d'abandonner et qui avaient été dans l'instant occupé par d'autres, auxquels le même accident était aussi arrivé. Nous vîmes ainsi renverser successivement plus de quarante pirogues, et, quoique le commerce que nous faisions avec ces bons Indiens convînt infiniment aux uns et aux autres, il nous fut impossible de nous procurer plus de quinze cochons et quelques fruits et nous manquâmes l'occasion de traiter de près de trois cents autres.

» Les pirogues étaient à balancier. Chacune avait de trois à cinq hommes. Les moyennes pouvaient avoir 8 mètres de longueur, 33 centimètres seulement de largeur et à peu près autant de profondeur. Nous en pesâmes une de cette dimension, dont le poids n'excédait pas cinquante livres. C'est avec ces frêles bâtiments que les habitants de ces îles font des trajets de soixante lieues, traversant des canaux qui ont vingt lieues de largeur, comme celui entre Atooi et Wohaou, où la mer est fort grosse ; mais ils sont si bons nageurs, qu'on ne peut leur comparer que les phoques et les loups marins.

» A mesure que nous avançions, les montagnes semblaient s'éloigner vers l'intérieur de l'île, qui se montrait à nous sous la forme d'un amphithéâtre assez vaste, mais d'un vert jaune. On n'apercevait plus de cascades ; les arbres étaient beaucoup plus rapprochés dans la plaine. Les villages étaient composés de dix à douze cabanes seulement, très éloignées les unes des autres. A chaque instant nous avions un juste sujet de regretter le pays que nous laissions derrière nous, et nous ne trouvâmes un abri que lorsque nous eûmes sous les yeux un rivage affreux où la lave avait autrefois coulé comme les cascades coulent aujourd'hui dans l'autre partie de l'île.

» Les Indiens des villages de cette partie de l'île s'empressèrent de venir à bord dans leurs pirogues, apportant, pour commercer avec nous, quelques cochons, des patates, des bananes, des racines de pied de veau, que les Indiens nomment *laro*, avec des étoffes et quelques autres curiosités faisant partie de leur costume. Je ne voulus leur permettre de monter à bord que lorsque la frégate fut mouillée et que les voiles furent serrées. Je leur dis que j'étais tabou, et ce mot, que je connaissais d'après les relations anglaises, eut tout le succès que j'en attendais. M. de Langle, qui n'avait pas pris la même précaution, eut un instant le pont de sa frégate très embarrassé par une multitude de ces Indiens ; mais ils étaient si dociles, ils craignaient si fort de nous offenser, qu'il était extrêmement aisé de les faire rentrer dans leurs pirogues. Lorsque je leur eus permis de monter sur ma frégate, ils n'y faisaient pas un pas sans notre agrément ; ils avaient toujours l'air de craindre de nous déplaire. La plus grande fidélité régnait dans leur commerce. Nos morceaux de vieux cercles de fer excitaient infiniment leurs désirs. Ils ne manquaient pas d'adresse pour s'en procurer en faisant bien leurs marchés. Jamais ils n'auraient vendu en bloc une quantité d'étoffes ou plusieurs cochons : ils savaient très bien qu'il y aurait plus de profit pour eux à convenir d'un prix particulier pour chaque article.

» Il était si tard lorsque nos voiles furent serrées, que je fus obligé de remettre au lendemain la descente que je me proposais de faire sur cette île, où rien ne pouvait me retenir qu'une aiguade facile ; mais nous nous apercevions déjà que cette partie de la côte était absolument privée d'eau courante, la pente des montagnes ayant dirigé la chute de toute les pluies vers le côté du vent. Peut-être un travail de quelques journées sur la cime des montagnes suffirait pour rendre commun à toute l'île un bien si précieux ; mais ces Indiens ne sont pas encore parvenus à ce degré d'industrie : ils sont cependant très avancés à beaucoup d'autres égards.

» Le 30 mai, à huit heures du matin, quatre canots de deux frégates étaient prêts à partir : les deux premiers portaient vingt soldats armés, commandés par M. Pierrevert, lieutenant de vaisseau ; M. de Langle et moi, suivis de tous les passagers et des officiers qui n'avaient pas été retenus à bord par le service, étions dans les deux autres. Cet appareil n'effraya point les naturels, qui, dès la pointe du jour, étaient le long du bord dans leurs pirogues. Ces Indiens continuèrent leur commerce ; ils ne nous suivirent point à terre, et ils conservèrent l'air de sécurité que leur visage n'avait jamais cessé d'exprimer. Cent vingt personnes environ, hommes ou femmes, nous attendaient sur le rivage. Les soldats débarquèrent les premiers avec leurs officiers. Nous fixâmes l'espace que nous voulions nous réserver. Les soldats avaient la baïonnette au bout du fusil et faisaient le service avec autant d'exactitude qu'en présence de l'ennemi.

» Deux Indiens qui paraissaient avoir quelque autorité sur les autres s'avancèrent. Ils me firent très gravement une assez longue harangue dont je ne compris pas un mot et ils m'offrirent chacun en présent un cochon, que j'acceptai. Je leur donnai, à mon tour, des médailles, des haches et d'autres morceaux de fer, objets d'un prix inestimable pour eux. Mes libéralités firent un très grand effet.

» Après avoir visité le village, j'ordonnai à six soldats, commandés par un sergent, de nous accompagner ; je laissai les autres sur le bord de la mer, aux ordres de M. Pierrevert : ils étaient chargés de la garde de nos canots, dont aucun matelot n'était descendu.

» Quoique les Français fussent les premiers qui, dans ces derniers temps, eussent abordé sur l'île de Mowée, je ne crus pas devoir en prendre possession au nom du roi. Les usages des Européens sont, à cet égard, trop complétement ridicules.

» Nous rencontrâmes dans notre promenade quatre petits villages de dix à douze maisons. Elles sont construites et couvertes en paille, et ont la forme de celles de nos paysans les plus pauvres. Les toits sont à deux pentes. La porte, placée dans le pignon, n'a que trois pieds et demi d'élévation et l'on ne peut y entrer sans être courbé ; elle est fermée par une simple claie que chacun peut ouvrir. Les meubles de ces insulaires consistent dans des nattes, qui, comme un tapis, forment un parquet très propre et sur lequel ils couchent. Ils n'ont d'ailleurs d'autres ustensiles de cuisine que des calebasses très grosses, auxquelles ils donnent les formes qu'ils veulent lorsqu'elles sont vertes. Ils les vernissent et y tracent en noir toutes sortes de dessins. J'en ai vu aussi qui étaient collées l'une à l'autre et qui formaient ainsi des vases très grands. Il paraît que cette colle résiste à l'humidité et j'aurais bien désiré d'en connaître la composition. Les étoffes, qu'ils ont en très grande quantité, sont faites avec le mûrier à papier comme celles des autres insulaires ; mais, quoiqu'elles soient peintes avec beaucoup plus de variété, la fabrication m'en a paru inférieure à toutes les autres. A mon retour, je fus encore harangué par des femmes, qui m'attendaient sous des arbres ; elles m'offrirent en présent plusieurs pièces d'étoffe, que je payai avec des haches et des clous.

» Le lecteur ne doit pas s'attendre à trouver ici des détails sur un peuple que les relations anglaises nous ont si bien fait connaître. Ces navigateurs ont passé dans ces îles quatre mois et nous n'y sommes restés que quelques heures ; ils avaient de plus l'avantage d'entendre la langue du pays. Nous devons donc nous borner à raconter notre propre histoire.

» Notre rembarquement se fit à onze heures, en très bon ordre, sans confusion et sans que nous eussions la moindre plainte à former contre personne. Nous arrivâmes à bord à midi. M. de Clouard y avait reçu un chef et avait acheté de lui un manteau et un beau casque recouvert de plumes rouges ; il avait aussi acheté plus de cent cochons, des bananes, des patates, du taro, beaucoup d'étoffes, des nattes, une pirogue à balancier et différents autres petits meubles en plumes et en coquilles.

» Le 15 juin, à 6 heures du soir, nous étions en dehors de toutes les îles, faisant route au nord.

RELACHE A LA BAIE DES FRANÇAIS. — DESCRIPTION DE CETTE BAIE. — MŒURS ET USAGES DES HABITANTS.

La Pérouse parvint à la fin de juin sur les côtes nord-ouest de l'Amérique.

Le 2 juillet, dit-il, à deux heures après midi, nous eûmes connaissance d'un enfoncement, un peu à l'est du cap Beau-Temps, qui parut une très belle baie ; je fis route pour en approcher. Nous apercevions du bord une grande chaussée de roches, derrière laquelle la mer était très calme. Cette chaussée paraissait avoir trois ou quatre cents toises de longueur de l'est à l'ouest et se terminait à deux encablures environ de la pointe du continent, laissant une ouverture assez large ; en sorte que la nature semblait avoir fait à l'extrémité de l'Amérique un port comme celui de Toulon, mais plus vaste dans son plan comme dans ses moyens. Ce nouveau port avait trois ou quatre lieues d'enfoncement. Je me déterminai à faire route vers la passe. Nos canots sondaient, et avaient ordre, lorsque nous approcherions des pointes, de se placer chacun sur une des extrémités, de manière que les vaisseaux n'eussent qu'à passer au milieu.

» Nous aperçûmes bientôt des sauvages qui nous faisaient des signes d'amitié en étendant et faisant voltiger des manteaux blancs et différentes peaux. Plusieurs pirogues de ces Indiens pêchaient dans la baie, où l'eau était tranquille comme celle d'un bassin, tandis qu'on voyait la jetée couverte d'écume par les brisants ; mais la mer était très calme au-delà de la passe, nouvelle preuve pour nous qu'il y avait une profondeur considérable.

» Ce port n'avait jamais été aperçu par aucun navigateur ; il est situé à trente-trois lieues au nord-ouest de celui de los Remedios, dernier terme des navigations espagnoles, à environ deux cent vingt-quatre lieues de Noutka et à cent lieues de Williams-Sound. La tranquillité de l'intérieur de cette baie était bien séduisante pour nous qui étions dans l'absolue nécessité de faire et de changer presque entièrement notre arrimage, afin d'en arracher six canons placés à fond de cale, et sans lesquels il était imprudent de naviguer dans les mers de la Chine, fréquemment infestées de pirates. J'imposai à ce lieu le nom de port des Français.

» Pendant notre séjour forcé à l'entrée de la baie, nous fûmes sans cesse entourés de pirogues de sauvages. Ils nous proposaient, en échange de notre fer, du poisson, des peaux de loutre ou d'autres animaux, ainsi que différents petits meubles de leur costume. Ils avaient l'air, à notre grand étonnement, d'être très accoutumés au trafic et ils faisaient aussi bien leur marché que les plus habiles acheteurs d'Europe. De tous les articles de commerce, ils ne désiraient ardemment que le fer ; ils acceptèrent aussi quelques rassades, mais elles servaient plutôt à conclure un marché qu'à former la base de l'échange. Nous parvînmes dans la suite à leur faire recevoir des assiettes et des pots d'étain ; mais ces articles n'eurent qu'un succès passager et le fer prévalut sur tout. Ce métal ne leur était pas inconnu ; ils en avaient tous un poignard pendu au cou. La forme de cet instrument ressemblait à celle du cric des Indiens ; mais il n'y avait aucun rapport dans le manche, qui n'était que le prolongement de la lame, arrondie et sans tranchant. Cette arme était enfermée dans un fourreau de peau tannée, et elle paraissait être leur meuble le plus précieux. Comme nous examinions très attentivement tous ces poignards, ils nous firent signe qu'ils n'en faisaient usage que contre les ours et les autres bêtes des forêts. Quelques-uns étaient aussi en cuivre rouge, et ils ne paraissaient pas les préférer aux autres. Ce dernier métal et assez commun parmi eux ; ils l'emploient plus particulièrement en colliers, bracelets et différents autres ornements ; il en arment aussi la pointe de leurs flèches.

» L'or n'est pas plus désiré en Europe que le fer dans cette partie de l'Amérique, ce qui est une nouvelle preuve de la rareté de ce métal. Chaque insulaire en possède, à la vérité, une petite quantité ; mais ils en sont si avides, qu'ils emploient toutes sortes de moyens pour s'en procurer. Dès le jour de notre arrivée, nous fûmes visités par le chef du principal village. Avant de monter à bord, il parut adresser une prière au soleil ; il nous fit ensuite une longue harangue, qui fut terminée par des chants assez agréables et qui ont beaucoup de rapport avec le plain-chant de nos églises. Les Indiens de sa pirogue l'accompagnaient, en répétant en chœur le même air. Après cette cérémonie, ils montèrent presque tous à bord et dansèrent pendant une heure au son de la voix, qu'ils ont très juste. Je fis à ce chef plusieurs présents, qui le rendirent tellement incommode, qu'il passait chaque jour cinq ou six heures à bord, et que j'étais obligé de les renouveler très fréquemment, ou de le voir s'en aller mécontent et menaçant, ce qui cependant n'était pas très dangereux.

» Dès que nous fûmes établis derrière l'île, presque tous les sauvages de la baie s'y rendirent. Le bruit de notre arrivée se répandit bientôt aux environs ; nous vîmes arriver plusieurs pirogues chargées d'une quantité très considérable de peaux de loutre, que ces Indiens échangèrent contre des haches, des herminettes et du fer en barre. Ils nous donnaient leurs saumons pour des morceaux de vieux cercles ; mais bientôt ils devinrent plus difficiles, et nous ne pûmes nous procurer ce poisson qu'avec des clous ou quelques petits instruments de fer.

» Dès notre arrivée à notre second mouillage, nous établîmes l'observatoire sur l'île, qui n'était distante de nos vaisseaux que d'une portée de fusil. Nous y formâmes un établissement pour le temps de notre relâche dans ce port ; nous y dressâmes des tentes pour nos voiliers, nos forgerons, et nous mîmes en dépôt les pièces à eau de notre arrimage, que nous refîmes entièrement. Comme tous les villages indiens étaient sur le continent, nous nous flattions d'être en sûreté sur notre île ; nous vîmes bientôt l'expérience du contraire. Nous avions déjà éprouvé que les Indiens étaient très voleurs ; mais nous ne leur supposions pas une activité et une opiniâtreté capables d'exécuter les projets les plus longs et les plus difficiles. Nous apprîmes bientôt à les mieux connaître.

» Ils passaient toutes les nuits à épier le moment favorable pour nous voler ; mais nous faisions bonne garde à bord de nos vaisseaux, et ils ont rarement trompé notre vigilance. J'avais d'ailleurs établi la loi de Sparte : le volé était puni et si nous n'applaudissions pas au voleur, du moins nous ne réclamions rien, afin d'éviter toute rixe qui aurait pu avoir des suites funestes. Je ne me dissimulais pas que cette extrême douceur les rendrait insolents. J'avais cependant tâché de les convaincre de la supériorité de nos armes : on avait tiré devant eux un coup de canon à boulet, afin de leur faire savoir qu'on pouvait les atteindre de loin et un coup de fusil à balle avait traversé, en présence d'un grand nombre de ces Indiens, plusieurs doubles d'une cuirasse qu'ils nous avaient vendue, après nous avoir fait comprendre par signes qu'elle était impénétrable aux flèches et aux poignards ; enfin nos chasseurs, qui étaient adroits, tuaient les oiseaux sur leur tête. Je suis bien certain qu'ils n'ont jamais cru nous inspirer des sentiments de crainte ; mais leur conduite m'a prouvé qu'ils n'ont pas douté que notre patience ne fût à toute épreuve. Bientôt ils m'obligèrent à lever l'établissement que j'avais sur l'île. Ils y débarquaient la nuit, du côté du large ; ils traversaient un bois très fourré, dans lequel il nous était impossible de pénétrer le jour, et, se glissant sur le ventre comme des couleuvres, sans remuer presque une feuille, ils parvenaient, malgré nos sentinelles à dérober quelques-uns de leurs effets. Enfin ils eurent l'adresse d'entrer la nuit dans la tente où couchaient MM. de Lauriston et Darbaud, qui étaient de garde à l'observatoire ; ils enlevèrent un fusil garni d'argent, ainsi que les habits de ces deux officiers, qui les avaient placés par précaution sur leur chevet. Une garde de douze hommes ne les aperçut pas et les deux officiers ne furent point éveillés. Ce dernier vol nous eût peu inquiétés, sans la perte du cahier original sur lequel étaient écrites toutes nos observations astronomiques depuis notre arrivée dans le port des Français.

» Ces obstacles n'empêchaient pas nos canots et nos chaloupes de faire l'eau et le bois. Tous nos officiers étaient sans cesse en corvée à la tête des différents détachements de travailleurs que nous étions obligés d'envoyer à terre ; leur présence et le bon ordre contenaient les sauvages.

LA REINE DES ILES SANDWICH,
en 1824.

« Le lendemain de notre arrivée, dit le voyageur Kotzebue, j'allai à terre avec quelques-uns de mes officiers pour rendre mes devoirs à la reine Nomahanna. Elle habitait non loin du rivage dans une jolie petite maison bâtie à l'européenne. Nous fûmes reçus à la porte du palais par le gouverneur, qui nous accueillit avec de nombreuses révérences. Il nous fallut bien de la force pour ne point perdre notre gravité à la vue du singulier accoutrement de notre introducteur. Toute sa toilette consistait en une paire d'énormes souliers qu'il pouvait à peine soulever et une chemise par dessus laquelle il portait un gilet qui embrassait à peine les deux tiers de sa volumineuse circonférence. Nous montâmes au second étage, à travers une foule d'hommes, de femmes et d'enfants qui encombraient les escaliers, lisant ou écrivant sous la surveillance de sa majesté.

» Les portes s'ouvrirent à deux battants devant moi, et j'entrai dans un salon meublé tout à fait dans le style européen. Le plancher était couvert de belles nattes et la reine était étendue sur le ventre au milieu de la pièce, les bras appuyés sur un coussin, et parcourant un livre de piété. Deux jeunes filles au costume léger, assises les jambes croisées de chaque côté de la reine, chassaient les mouches avec des éventails de plumes. Une taille de quatre pieds de circonférence et de plus de six pieds de hauteur, une énorme tête ronde comme une boule et surmontée d'une touffe de cheveux noirs, avec un nez plat et des lèvres saillantes, tel était l'ensemble de la physionomie de Nomahanna. Elle était vêtue d'une ample robe de soie d'une coupe un peu surannée. La reine m'accueillit avec la plus grande bienveillance, me fit asseoir à côté d'elle et m'entretint fort longuement. Elle me proposa ensuite de l'accompagner à l'église ; elle mit un chapeau d'étoffe blanche orné de plumes, prit un large éventail, chaussa une grosse paire de bottes de marin et nous descendîmes. Un petit char, attelé de vigoureux jeunes gens, nous attendait à la porte ; mais il était tellement étroit, et ma compagne de route si large, que je pus à peine m'y poser, et Nomahanna m'aurait certainement perdu en route si elle n'avait pris la précaution de passer son bras vigoureux autour de mon corps.

» Une autre fois j'arrivai chez la reine au moment où elle allait dîner et elle me reçut dans sa salle à manger. Elle était, comme à son ordinaire, étendue sur son ventre. Une douzaine de plats étaient rangés autour d'elle ; un esclave les approchait successivement, et sa majesté, saisissant les mets avec ses doigts, les engloutissait avec une étonnante voracité. Mon arrivée ne la dérangea point ; elle me fit signe de m'asseoir à côté d'elle et continua son repas. Ce fut bien le plus extraordinaire dont j'aie jamais été témoin, car assurément ce que mangea Nomahanna aurait bien suffi à dix hommes. Lorsque son appétit fut un peu calmé, elle s'arrêta ; et, poussant un long soupir : « J'ai copieusement dîné, » s'écria-t-elle. Ses gens alors la tournèrent sur le dos et un grand et vigoureux esclave, lui sautant sur le ventre, se mit à la pétrir avec ses mains et ses genoux. Après cette opération, destinée sans doute à faciliter la digestion, on replaça la reine sur son ventre et elle se remit à manger à plus belles dents... »

Le sort de Taïti et des Sandwich a été celui de toutes les îles qui parsèment cet immense océan, avec des nuances qui varient selon que les diverses terres offraient plus ou moins d'appât à l'avidité des Européens.

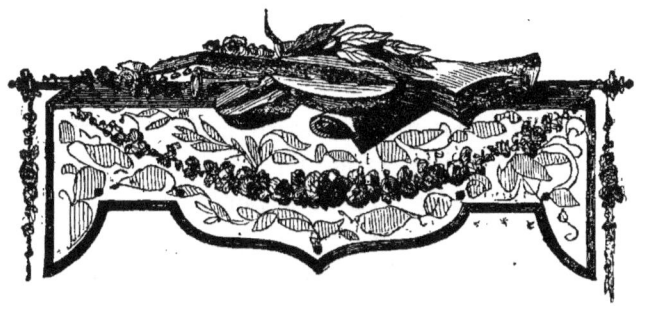

DUMONT D'URVILLE.

Nous n'analyserons pas les travaux des savants marins qui ont parcouru, depuis le commencement de ce siècle, la carrière qui fut si funeste à La Pérouse; notre cadre est trop étroit pour comporter ces détails. Chaque jour, d'ailleurs, dit un de nos célèbres géographes, la chance des découvertes diminue : les grands traits du monde sont connus ; il ne reste plus que des reconnaissances à perfectionner, des détails à étudier. C'est un beau et vaste champ pour toutes les sciences naturelles. Nous ne pouvons que mentionner les noms des Duperrey, des Dillon, des d'Urville, des Laplace, des Cuningham, des Smith et de tant d'autres intrépides navigateurs qui ont sillonné css mers dans tous les sens et jusque sous le 74ᵉ degré de latitude.

Dumont d'Urville surtout mérite quelques mots de notre part.

Le capitaine d'Urville poursuivit avec ardeur la découverte des traces de l'infortuné La Pérouse. Ce ne fut que vers la fin de décembre 1827 qu'il eut connaissance, à

Hobart-Town, des découvertes du capitaine anglais Dillon. Mais les récits qu'on en faisait étaient tellement vagues et incertains qu'il ne savait quel parti prendre. Il parvint, le 10 février 1828, en vue de Tucopia. Dans l'une des pirogues qui accostèrent *l'Astrolabe* se trouvait Martin Bushart, qui dissipa toutes les incertitudes de M. d'Urville. Il promit d'abord d'accompagner les Français à Vanikoro; il refusa ensuite de tenir sa promesse et le capitaine fut réduit à emmener avec lui, pour le guider, deux Anglais qui habitaient Tucopia depuis neuf mois seulement et parlaient un peu la langue de ces naturels.

L'Astrolabe jeta l'ancre le 21. Le premier soin du capitaine fut de chercher à se concilier les naturels; mais il les trouva mal disposés et fort prévenus contre les Français, qu'ils savaient être les compatriotes des naufragés et dont ils redoutaient la vengeance. Ils se renfermaient dans un système absolu de dénégation, ou ne faisaient que des réponses évasives. Cependant, quand ils virent que les intentions de leurs hôtes n'étaient point hostiles, quelques-uns finirent par se montrer plus communicatifs et racontèrent tout ce qu'ils surent du naufrage. Voici la version que donne M. d'Urville comme la plus vraisemblable qu'il ait pu adopter en analysant et discutant les différents récits :

« Tous nous porte à croire que La Pérouse, après avoir visité les îles des Amis et terminé sa reconnaissance de la Nouvelle-Calédonie, avait remis le cap au nord et se dirigeait sur Santa-Cruz, comme le lui prescrivaient ses instructions et comme ils nous l'apprend lui-même par son dernier rapport au ministre de la marine. En approchant de ces îles, il crut sans doute pouvoir continuer sa route pendant la nuit, comme cela lui était souvent arrivé, lorsqu'il tomba inopinément sur ces terribles récifs de Vanikoro, dont l'existence était entièrement ignorée. Probablement la frégate qui marchait en avant (et les objets rapportés par Dillon ont donné lieu de penser que c'était *la Boussole* elle-même) donna sur les brisants sans pouvoir se relever, tandis que l'autre eut le temps de revenir au vent et de reprendre le large; mais l'affreuse idée de laisser leurs compagnons de voyage, leur chef peut-être, à la merci d'un peuple barbare, ne dut pas permettre à ceux qui avaient échappé à ce premier péril de s'écarter de cette île funeste et ils durent tout tenter pour arracher leurs compatriotes au sort qui les menaçait. Ce fut là, nous n'en doutons point, la cause de la perte du second navire.

» Bien qu'aucun document positif et direct n'ait démontré que ces débris ont réellement appartenu à l'expédition de La Pérouse, je ne pense pas qu'il reste à cet égard la moindre incertitude. En effet, les renseignements que j'ai recueillis des naturels sont parfaitement conformes, sous les rapports essentiels, à ceux que se procura M. Dillon, et cela sans que nous ayons pu être influencés l'un par l'autre, attendu que je n'eus connaissance de son rapport, à l'île de France, que deux mois après que j'eus expédié le mien au ministère. Ces dépositions ont donc tous les caractères de l'authenticité; elles annoncent que deux grands navires périrent, il y a quarante ans environ, sur les récifs de Vanikoro; qu'ils portaient beaucoup de monde. Les naturels se sont même souvenus qu'ils portaient le pavillon blanc. Tout cela joint aux pièces de canon et aux pierriers apportés démontrent que ces navires étaient des bâtiments de guerre; et l'on sait positivement que longtemps avant, comme après cette époque, nul autre navire de guerre n'a péri dans ces mers que les frégates de La Pérouse. En outre la nature de quelques-unes des pièces rapportées du naufrage montre qu'elles appartenaient à une mission chargée de travaux extraordinaires. Enfin l'unique morceau de bois rapportée par M. Dillon s'est trouvé coïncider avec les dessins qui ont été conservé des sculptures de la poupe de *la Boussole*. Que de probabilités réunies, qui doivent équivaloir à une certitude complète !... »

M. d'Urville, pensant que les hommes échappés au naufrage avaient dû se diriger vers les îles de Salomon, aurait voulu interroger les récifs de cet archipel et poursuivre jusque-là ses recherches; mais l'état déplorable de son équipage, dévoré par la fièvre, dut lui faire abandonner ses généreux projets; il lui fallut songer à quitter au plus tôt ces dangereux parages et ce n'est qu'avec une peine extrême qu'il parvint à reprendre la mer.

M. d'Urville ne voulut point s'éloigner de cette île funeste sans y laisser un monument qui rappelât à la fois et la catastrophe dont elle avait été témoin et le séjour qu'y avait fait *l'Astrolabe*. La proposition qu'il en fit fut accueillie avec le plus grand empressement et tout ce qu'il y avait d'hommes valides à bord se mit à l'œuvre avec une admirable activité. En quelques jours, un modeste monument s'éleva au milieu d'un bosquet de mangliers et *l'Astrolabe* en déployant ses voiles, le salua de son artillerie.

Nos lecteurs savent comment ce brave navigateur, cet illustre savant, ce noble d'Urville, après avoir échappé à mille périls sur les mers et chez les peuples sauvages, est mort malheureusement, il y a quarante ans, dans les wagons embrasés du chemin de fer de Versailles (8 mai 1842).

FIN.

TABLE.

AVERTISSEMENT. 5

AMÉRIQUE.

COLOMB. 7
  Prologue du journal de Colomb. 8
  Débarquement de Colomb. 11
  Mœurs des habitants d'Haïti. — Croyances et superstitions. 13
  Superstitions des habitants des îles Marquises. 16
  Ligue des Caciques. — Grande bataille. 18
  Éclipse de lune. 19
FERNAND CORTEZ. 22
  Le Mexique et ses richesses. 29
  Histoire, institutions et arts des Aztèques. 31
  Le culte mexicain. 33
PIZARRE. 35
  Massacre des Péruviens. — Prodigieuses richesses. *ibid.*
  Les Caraïbes. — Chasse aux perroquets. 37
ALVAREZ CABRAL. 39
  Anthropophagie chez les Brésiliens. *ibid.*
  Chasse au jaguar. — Pêche des perles au Panama. 41
  Enchantements chez les Virginiens. 43
  Rigueur du froid chez les Esquimaux. 45
  Croyances superstitieuses chez quelques sauvages de l'Amérique septentrionale. 46

Habitations américaines. 49
Eloquence des Iroquois. 51
Chasse aux castors. 55
Pêche de la baleine chez les Islandais. 57
Danses chez les Groënlandais. 62
Croyance des Groënlandais. 63
Chant de mort et funérailles chez les Groënlandais. 67

ASIE.

ALBUQUERQUE. 69
VASCO DE GAMA. 70
TAVERNIER. 71
    Marchands de diamants à Golconde. *ibid.*
    Les singes. 72
    Hindostan. — Palais impérial. 74
    Fanatisme des pèlerins de la Mecque. 76
BERNIER. 78
    Chasse au lion dans l'Hindostan. *ibid.*
    Chine. — Audience impériale. 80
    Minutieux cérémonial en Chine. 82
    Funérailles en Chine. 84
    Honneurs rendus à l'agriculture en Chine. 87
    Culte singulier des Chinois. 88
    Respect des Chinois pour l'Empereur. 90
    La Cangue. 91
    Le Grand-Lama. 93
    Sciences, industrie et mœurs des Chinois. 95
    Lâcheté des Chinois. — Armée, marine. 97
    Kalmoukie. — Tentes des Eleuths et des Kalmouks. 99
    Le Knout. 101
    Sortilége chez les Tartares. 102
KŒMPFER. 103
    Religion. — Fanatisme des Japonais. *ibid.*
    Physionomie de la Perse. 106
    Repas en Perse. 107
    Jérusalem. — Description des Lieux-Saints. 110
    La Judée. 114

AFRIQUE.

PREMIÈRES EXPÉDITIONS.	115
ANDRÉ BRUE.	117
Rois de Loango. — Usage des Nègres.	ibid.
Mœurs et usages des Iolofs.	120
Enlèvement des esclaves chez les Mandingues.	122
Chasse chez les Nègres.	123
Arts et métiers chez les Nègres.	124
Pratiques pieuses chez les Nègres.	125
Détails sur le royaume de Juida et ses habitants.	127
Serpent fétiche des nègres de Juida.	128
BRUCE, ECOSSAIS.	131
Description d'un repas sanglant en Abyssinie.	ibid.
FRANÇOIS LEVAILLANT.	135
Chasse chez les Hottentots.	136
Le coucher du soleil vu du haut de la montagne de la Table.	137
VOLNEY.	139
Alexandrie. — Les Pyramides.	ibid.
Mœurs et usages des Arabes-Bédouins.	142
Les Trappistes et les Esclaves.	144

VOYAGE AUTOUR DU MONDE.

MAGELLAN.	146
Les Brésiliens.	147
BYRON.	149
Colosse effrayant. — Habitants de la côte des Patagons.	150
WALLIS.	152
Danger de Wallis chez les Taïtiens.	ibid.
Portrait. — Habillement des Taïtiens.	154
BOUGAINVILLE.	156
L'enfant malade et le jongleur chez les Pécherais.	157
Les grands et le peuple à Taïti.	159
COOK.	160
Combats publics chez les Taïtiens.	161
Religion à Taïti.	163
Nourriture des Taïtiens.	165
Fabrication des étoffes à Taïti.	167

Le lever du soleil à Taïti. 170
Les campagnes de Taïti. 171
Anthropophagie dans la Nouvelle-Zélande. 172
Habitations des Zélandais. 174
Partie du costume des Zélandais. 175
Usages aux îles des Amis. 179
Mères de la Nouvelle-Zélande. 181
Habitants de la Terre-de-Feu. 182
Huttes et villages dans la Nouvelle-Zélande. 185
Vengeances dans la Nouvelle-Zélande. 186
Combats à Happaï. — Femmes. 187
Outils et industrie des habitants des îles des Amis. 189
Croyances des habitants des îles de la Société. 190
Costume des habitants du port du Roi-Georges. 195
Naturels du port de Noutka. 198
Traîneaux au Kamtchatka. 202
Chasse aux ours dans le Kamtchatka. 204
LA PÉROUSE. 207
Arrivée à l'île de Paques. — Séjour dans cette île. — Mœurs et usages des habitants. 213
Départ de l'île de Pâques. — Arrivée aux îles Sandwich. 221
Relâche à la baie des Français. — Description de cette baie. — Mœurs et usages des habitants. 226
La reine des îles Sandwich en 1824. 231
DUMONT D'URVILLE. 233

FIN DE LA TABLE.

Limoges. — Imp. E. F. Ardant frères.

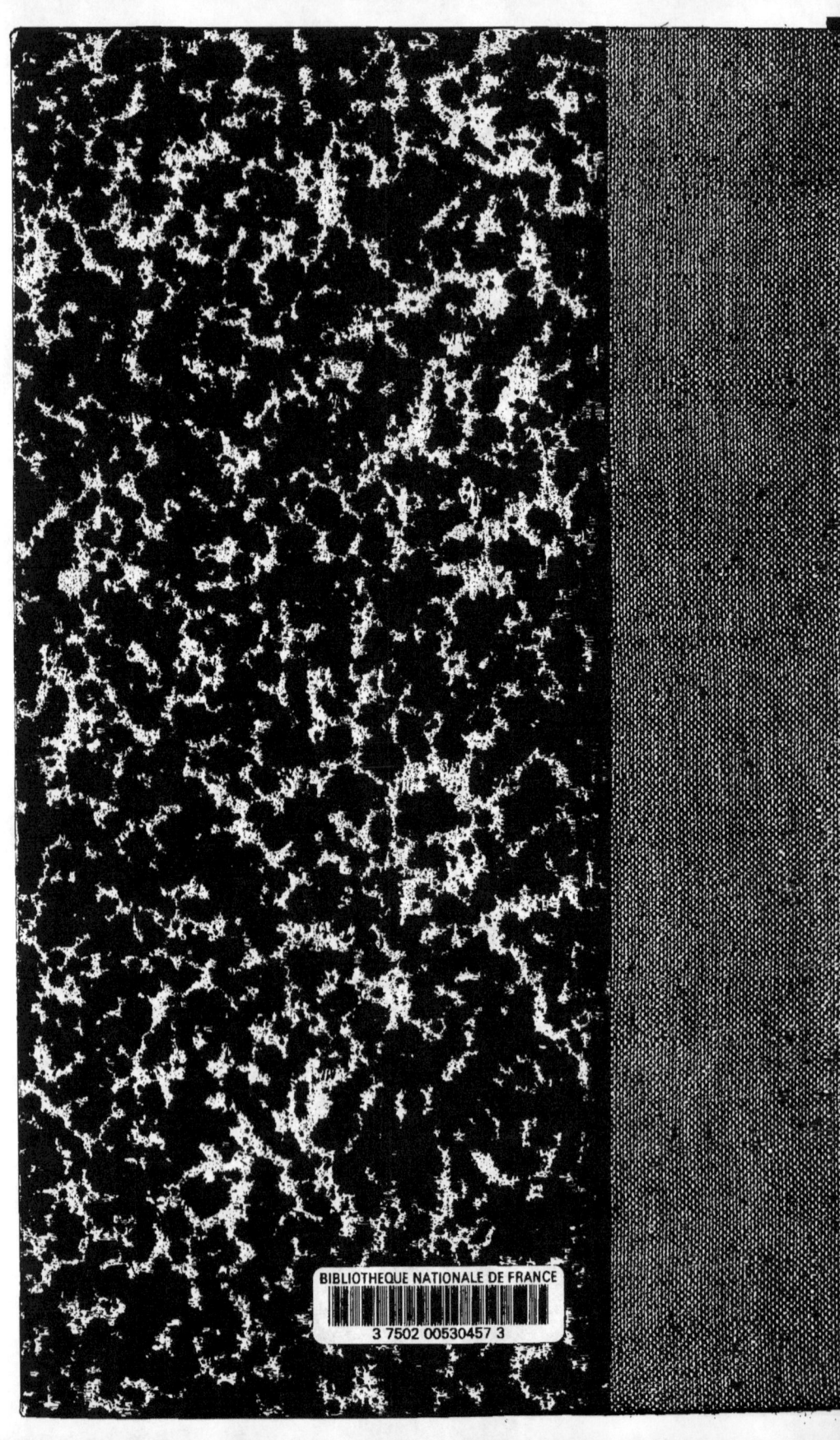

www.ingramcontent.com/pod-product-compliance
Lightning Source LLC
Chambersburg PA
CBHW070632170426
43200CB00010B/1995